U053047S

解读
新质生产力

《解读新质生产力》编写组 编

发展新质生产力是
推动高质量发展的
内在要求和重要着力点

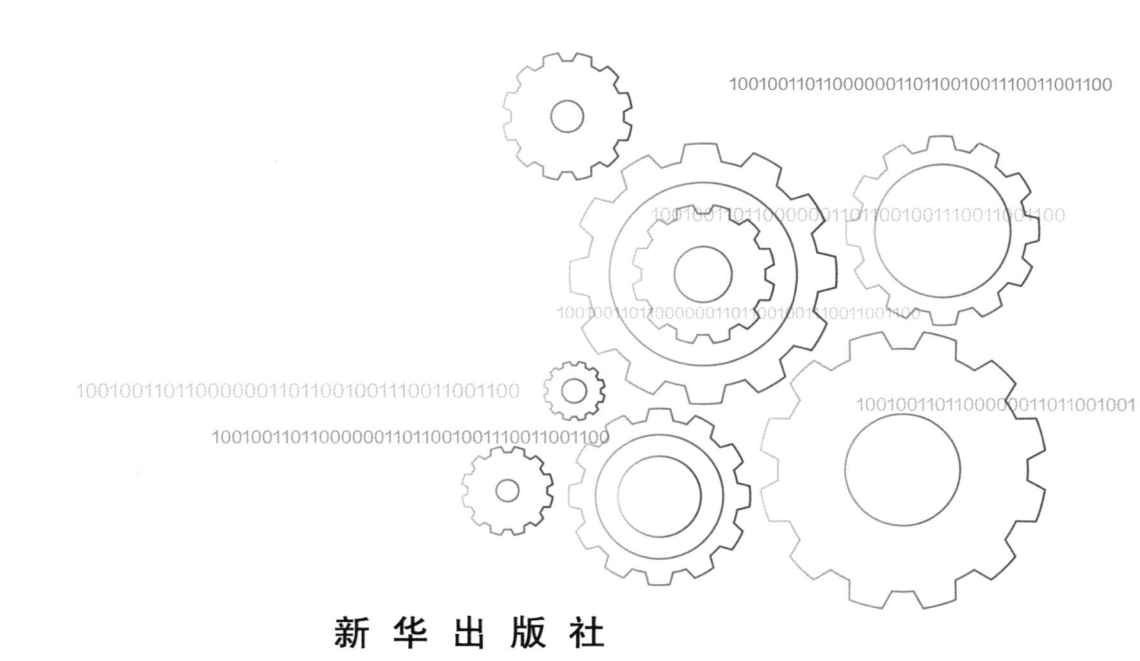

新华出版社

图书在版编目（CIP）数据

解读新质生产力 /《解读新质生产力》编写组编.
-- 北京：新华出版社，2024.2
ISBN 978-7-5166-7321-8

Ⅰ.①解… Ⅱ.①解… Ⅲ.①生产力-发展-研究-中国
Ⅳ.①F120.2

中国国家版本馆CIP数据核字（2024）第050084号

解读新质生产力

编　　者：《解读新质生产力》编写组	
出 版 人：匡乐成	出版统筹：许　新
责任编辑：赵怀志　陈思淇　易旭丹	封面设计：华兴嘉誉

出版发行：新华出版社
地　　址：北京石景山区京原路8号　　邮　　编：100040
网　　址：http://www.xinhuapub.com
经　　销：新华书店、新华出版社天猫旗舰店、京东旗舰店及各大网店
购书热线：010－63077122　　　中国新闻书店购书热线：010－63072012
照　　排：六合方圆
印　　刷：三河市君旺印务有限公司
成品尺寸：170mm×240mm　1/16
印　　张：15　　　　　　　　　　字　　数：160千字
版　　次：2024年3月第一版　　　印　　次：2024年6月第三次印刷
书　　号：ISBN 978-7-5166-7321-8
定　　价：48.00元

版权专有，侵权必究。如有质量问题，请与出版社联系调换：010-63077124

第一观察｜习近平总书记首次提到"新质生产力"

习近平总书记这次在黑龙江考察调研期间，提到一个令人耳目一新的词汇——"新质生产力"。

总书记指出，整合科技创新资源，引领发展战略性新兴产业和未来产业，加快形成新质生产力。

在此期间召开的新时代推动东北全面振兴座谈会上，总书记强调，积极培育新能源、新材料、先进制造、电子信息等战略性新兴产业，积极培育未来产业，加快形成新质生产力，增强发展新动能。

"新兴产业""未来产业"和"新质生产力"相互关联，信号鲜明、意涵丰富——积极发展、培育新兴产业和未来产业，以科技创新引领产业全面振兴，带动新经济增长点不断涌现。

新质生产力有别于传统生产力，涉及领域新、技术含量高，依靠创新驱动是其中关键。

从经济学角度看，新质生产力代表一种生产力的跃迁。它是科技创新在其中发挥主导作用的生产力，高效能、高质量，区别于依靠大量资源投入、高度消耗资源能源的生产力发展方式，是摆脱了传统增长路径、符合高质量发展要求的生产力，是数字时代更具融合性、更体现新内涵的生产力。

总书记强调，推动东北全面振兴，根基在实体经济，关键在科技创新，方向是产业升级。

近年来，我国经济发展面临复杂的内外部环境，无论是当前提振信心、推动经济回升向好，还是在未来发展和国际竞争中赢得战略主动，同样根基在实体经济，关键在科技创新，方向是产业升级。

二十届中央财经委员会第一次会议提出，推进产业智能化、绿色化、融合化，建设具有完整性、先进性、安全性的现代化产业体系。

今年7月，总书记在江苏考察时强调，提高科技成果转化和产业化水平，不断以新技术培育新产业、引领产业升级。

新质生产力的提出，不仅意味着以科技创新推动产业创新，更体现了以产业升级构筑新竞争优势、赢得发展的主动权。

形成新质生产力，要依托科技，依托创新。

从人工智能、工业互联网到大数据，纵观近年来全球经济增长的新引擎，无一不是由新技术带来的新产业，进而形成的新生产力。当前，全球科技创新进入密集活跃时期，新一代信息、生物、能源、材料等领域颠覆性技术不断涌现，呈现融合交叉、多点突破态势。

新一轮科技革命和产业变革与我国加快转变经济发展方式形成历史性交汇，面向前沿领域及早布局，提前谋划变革性技术，夯实未来发展的技术基础，是不容错过的重要战略机遇，是抢占发展制高点、培育竞争新优势的先手棋。

形成新质生产力，关键在培育形成新产业。

经济发展从来不靠一个产业"打天下"，而是百舸争流、千帆竞发，主导产业和支柱产业在持续迭代优化。光伏、新能源汽车、高端装备……这些促进当前经济增长的重要引擎，都是从曾经的"未来产业"、战略性新兴产业发展而来。

当前，我国科技支撑产业发展能力不断增强，为发展未来产业奠定良好基础。"十四五"规划和2035年远景目标纲要提出，在类脑智能、量子信息、基因技术、未来网络、深海空天开发、氢能与储能等前沿科技和产业变革领域，组织实施未来产业孵化与加速计划，谋划布局一批未来产业。

近年来，各地各部门推进布局前沿技术、培育未来产业的动作不断加快。整合科技创新资源、提高科技成果落地转化率、培育一批新产业集群，需要立足当前、着眼长远，统筹谋划。

正如习近平总书记在今年全国两会上所强调的，"在激烈的国际竞争中，我们要开辟发展新领域新赛道、塑造发展新动能新优势，从根本上说，还是要依靠科技创新。"

发挥科技创新的增量器作用，加大源头性技术储备，积极培育未来产业，加快形成新质生产力，将为中国经济高质量发展构建新竞争力和持久动力。

（新华社 2023 年 9 月 10 日播发　主笔：张辛欣、严赋憬）

习近平在中共中央政治局第十一次集体学习时强调
加快发展新质生产力　推进高质量发展

中共中央政治局1月31日下午就扎实推进高质量发展进行第十一次集体学习。中共中央总书记习近平在主持学习时强调，必须牢记高质量发展是新时代的硬道理，全面贯彻新发展理念，把加快建设现代化经济体系、推进高水平科技自立自强、加快构建新发展格局、统筹推进深层次改革和高水平开放、统筹高质量发展和高水平安全等战略任务落实到位，完善推动高质量发展的考核评价体系，为推动高质量发展打牢基础。发展新质生产力是推动高质量发展的内在要求和重要着力点，必须继续做好创新这篇大文章，推动新质生产力加快发展。

这次中央政治局集体学习，由中央政治局同志自学并交流工作体会，马兴瑞、何立峰、张国清、袁家军同志结合分管领域和地方的工作作了发言，刘国中、陈敏尔同志提交了书面发言，大家进行了交流。

> 解读
> 新质生产力

习近平在主持学习时发表了重要讲话。他指出，新时代以来，党中央作出一系列重大决策部署，推动高质量发展成为全党全社会的共识和自觉行动，成为经济社会发展的主旋律。近年来，我国科技创新成果丰硕，创新驱动发展成效日益显现；城乡区域发展协调性、平衡性明显增强；改革开放全面深化，发展动力活力竞相迸发；绿色低碳转型成效显著，发展方式转变步伐加快，高质量发展取得明显成效。同时，制约高质量发展因素还大量存在，要高度重视，切实解决。

习近平强调，高质量发展需要新的生产力理论来指导，而新质生产力已经在实践中形成并展示出对高质量发展的强劲推动力、支撑力，需要我们从理论上进行总结、概括，用以指导新的发展实践。概括地说，新质生产力是创新起主导作用，摆脱传统经济增长方式、生产力发展路径，具有高科技、高效能、高质量特征，符合新发展理念的先进生产力质态。它由技术革命性突破、生产要素创新性配置、产业深度转型升级而催生，以劳动者、劳动资料、劳动对象及其优化组合的跃升为基本内涵，以全要素生产率大幅提升为核心标志，特点是创新，关键在质优，本质是先进生产力。

习近平指出，科技创新能够催生新产业、新模式、新动能，是发展新质生产力的核心要素。必须加强科技创新特别是原创性、颠覆性科技创新，加快实现高水平科技自立自强，打好关键核心技术攻坚战，使原创性、颠覆性科技创新成果竞相涌现，培育发展新质生产力的新动能。

习近平强调，要及时将科技创新成果应用到具体产业和产业链上，改造提升传统产业，培育壮大新兴产业，布局建设未来产业，完善现代化产业体系。要围绕发展新质生产力布局产业链，提升产业链供应链韧性和安全水平，保证产业体系自主可控、安全可靠。要围绕推进新型工业化和加快建设制造强国、质量强国、网络强国、数字中国和农业强国等战略任务，科学布局科技创新、产业创新。要大力发展数字经济，促进数字经济和实体经济深度融合，打造具有国际竞争力的数字产业集群。

习近平指出，绿色发展是高质量发展的底色，新质生产力本身就是绿色生产力。必须加快发展方式绿色转型，助力碳达峰碳中和。牢固树立和践行绿水青山就是金山银山的理念，坚定不移走生态优先、绿色发展之路。加快绿色科技创新和先进绿色技术推广应用，做强绿色制造业，发展绿色服务业，壮大绿色能源产业，发展绿色低碳产业和供应链，构建绿色低碳循环经济体系。持续优化支持绿色低碳发展的经济政策工具箱，发挥绿色金融的牵引作用，打造高效生态绿色产业集群。同时，在全社会大力倡导绿色健康生活方式。

习近平强调，生产关系必须与生产力发展要求相适应。发展新质生产力，必须进一步全面深化改革，形成与之相适应的新型生产关系。要深化经济体制、科技体制等改革，着力打通束缚新质生产力发展的堵点卡点，建立高标准市场体系，创新生产要素配置方式，让各类先进优质生产要素向发展新质生产力顺畅流动。同时，要扩大高水平对外开放，为发展新质生产力营造良好国际环境。

习近平强调，要按照发展新质生产力要求，畅通教育、科技、人才的良性循环，完善人才培养、引进、使用、合理流动的工作机制。要根据科技发展新趋势，优化高等学校学科设置、人才培养模式，为发展新质生产力、推动高质量发展培养急需人才。要健全要素参与收入分配机制，激发劳动、知识、技术、管理、资本和数据等生产要素活力，更好体现知识、技术、人才的市场价值，营造鼓励创新、宽容失败的良好氛围。

（新华社北京 2024 年 2 月 1 日电）

以新质生产力为高质量发展注入强大动力
——习近平总书记参加江苏代表团审议时的重要讲话指引方向、指导实践

习近平总书记5日下午参加十四届全国人大二次会议江苏代表团审议时强调，因地制宜发展新质生产力。出席全国两会的代表委员和会外干部群众深入学习领会总书记重要讲话精神，表示要牢记高质量发展是新时代的硬道理，把握好发展新质生产力的精髓要义，在以中国式现代化全面推进强国建设、民族复兴伟业的新征程上再建新功。

发展新质生产力是推动高质量发展的内在要求和重要着力点。

"'发展新质生产力不是忽视、放弃传统产业'。习近平总书记深刻阐明了传统产业转型升级的方向，是对发展实体经济的重要指导。"河钢集团党委副书记、总经理王兰玉代表说，河钢集团将抢抓机遇，坚持以技术创新推动产业创新，不断提升产品竞争力，赋予钢铁材料新的价值内涵，加快推进高质量

发展。

"因地制宜发展新质生产力"——对于习近平总书记提出的重要要求，中国社科院工业经济研究所党委书记曲永义委员表示，当前，各地要在紧紧扭住科技创新这个"牛鼻子"的基础上，统一规划并统筹好产业布局，因地制宜、先立后破，循序渐进发展新质生产力，避免一哄而上造成资源浪费和新的过剩产能。

国务院发展研究中心研究员王立坤说，面对全球创新浪潮，发展新质生产力，进而提高全要素生产率，能够助力我国企业在全球产业结构调整中开拓制胜新赛道。我们要咬定创新不放松，及时将科技创新成果应用到具体产业和产业链上，推动更多科技成果转化为现实生产力。

本源量子计算科技（合肥）股份有限公司首席科学家郭国平代表带领团队研制的中国第三代自主超导量子计算机"本源悟空"今年初正式上线运行，量子计算机的整机运行效率大为提升。

"面对新一轮科技革命和产业变革，我们必须抢抓机遇，加大创新力度。我们将按照总书记要求，通过加强基础研究、人才培养与引进、加强产业协同和优化政策环境等策略，推动量子计算科研与各行业融合发展，为发展新质生产力、推进高质量发展贡献更大力量。"郭国平说。

"习近平总书记再次强调发展新质生产力，传递出加快以科技创新引领现代化产业体系建设的鲜明信号。"广西百色市委常委、副市长李玉成说，百色将因地制宜以科技创新不断促进产业转型升级，推动铝产业、林产业高端化、智能化、绿色化发展，培育壮大新能源、新材料产业。同时激发各类经营主体的内生动力和创新活力，支持企业智改数转，加快推动先进制造业和生产性服务业深度融合。

今年是全面深化改革又一个重要年份。持续全面深化改革，方能不断激发发展的内生动力和活力。

5日下午，天合光能股份有限公司董事长高纪凡代表在现场聆听了总书记的重要讲话。"总书记提出'要谋划进一步全面深化改革重大举措''打通束缚新质生产力发展的堵点卡点'，我感到非常振奋。"高纪凡表示，天合光能将发挥创新引领作用，推动产业链上下游企业协同创新，助力国家培育新质生产力，推动我国光伏产业成为更具国际竞争力的战略性新兴产业。

坚定不移深化改革，增强发展内生动力，民营企业持续发挥着重要作用。黑龙江省总商会副会长、博发康安控股集团有限公司董事长陆晓琳代表说，习近平总书记和党中央高度重视民营经济发展。总书记此次再次强调支持民营经济和民营企业发展壮大，必将激励广大民营企业持续修炼"内功"，以高质量发展塑造独特优势，为巩固和增强经济回升向好态势贡献力量。

当前，发展不平衡不充分的问题依然存在，需要持续深入实施区域重大战略，开辟增长新空间。

习近平总书记在审议中对实施区域协调发展战略等提出要求。江苏南通市委书记吴新明代表表示："南通将切实贯彻落实总书记要求，发挥好地处长三角中心区的地理优势，更好融入新发展格局，聚力共建长江口产业创新协同区，加快跨江融合、打造重要支点，更好服务上海龙头带动，促进长三角南北两翼协调发展，助推长江经济带高质量发展。"

吉林省白城市市长杨大勇代表说，总书记的重要讲话为白城更好加快推进新型城镇化指明方向。"瞄准长期城乡二元格局形成的差异化、不均衡问题，今后我们要坚持城乡融合、区域协调发展，加快构建全域城镇化、城乡一体化的现代城镇体系，释放未来发展新潜力。"

推进中国式现代化需要着眼高质量发展狠抓落实、汇聚合力。

"习近平总书记强调要继续巩固和增强经济回升向好态势，提振全社会发展信心。作为民营企业的代表，我们要认清我国经济长期向好的发展大势，带头聚精会神扎根实业谋发展，为经济高质量发展贡献力量。"全国政协常委、赛力斯集团董事长张兴海说。

"党员干部首先要坚定信心、真抓实干"，习近平总书记的话让新疆喀什地区莎车县巴格阿瓦提乡党委书记逄子剑代表深感责任重大。"我们将进一步强化党的领导作用，巩固主题教育成果，提振干事创业的精气神，紧紧围绕增加农民收入这个中心任务,广辟增收门路,让群众钱袋子越来越鼓、日子越过越好。"

江苏张家港市永联村党委委员、永合社区党委书记秦欢表示,将按照总书记要求,持续加强基层组织建设,健全社区治理体系,打造共建、共治、共享的美丽新乡村,让老百姓过上更加美好的高品质生活。

(新华社北京2024年3月5日电 新华社记者韩洁、孙少龙、叶昊鸣、郁琼源、柯高阳、魏玉坤)

两会第一观察丨总书记有力指导新质生产力发展实践

3月5日下午,习近平总书记在参加他所在的十四届全国人大二次会议江苏代表团审议时强调,要牢牢把握高质量发展这个首要任务,因地制宜发展新质生产力。

从2023年在地方考察时首次提出,到今年中央政治局首次集体学习又一次聚焦,再到这次全国两会上共商国是时深入阐释,习近平总书记就发展新质生产力提出明确要求、做出深入阐释、指导发展实践。

(一)讲清一个关系

当"高质量发展"同"新质生产力"这一对概念碰撞在一起,注定会迸发出火花。

"发展新质生产力是推动高质量发展的内在要求和重要着力点",总书记在中央政治局集体学习时阐明了发展新质生产力和高质量发展这个"新时代的硬道理"之间的紧密关系。

当前，推动高质量发展成为经济社会发展的主旋律，但制约因素还大量存在。以科技创新推动产业创新，特别是以颠覆性技术和前沿技术催生新产业、新模式、新动能，发展新质生产力，就是要为高质量发展提供强劲推动力、支撑力。

去年，总书记在江苏代表团重点围绕高质量发展这个主题做了深入阐述。今年是实现"十四五"规划目标任务的关键一年，总书记在江苏代表团深入阐述新质生产力关键问题，旨在进一步讲清高质量发展和新质生产力的关系，用新的生产力理论指导新的发展实践，推动高质量发展行稳致远。

（二）深化两方面认识

总书记在参加审议时指出，"发展新质生产力不是忽视、放弃传统产业，要防止一哄而上、泡沫化，也不要搞一种模式"，为各地做好发展新质生产力这篇大文章指明了"坚持从实际出发，先立后破、因地制宜、分类指导"的方法论。

总书记在江苏代表团的重要论述，进一步阐明了发展新质生产力的关键问题。

一方面，传统产业与新质生产力不是对立关系，关键是要用新技术改造提升传统产业，积极促进产业高端化、智能化、绿色化，统筹推进传统产业升级、新兴产业壮大、未来产业培育；

另一方面，发展新质生产力必须实事求是、因地制宜，紧密结合本地资源禀赋、产业基础、科研条件等开展。有所选择、有所不为，才能有所作为、真正取得实效。

（三）把握三个要点

构建现代化产业体系、进一步全面深化改革、更好发挥经济大省的辐射带动力……总书记在江苏代表团谈到的这些要点，都同发展新质生产力密切相关。

——以科技创新引领现代化产业体系建设。

去年底召开的中央经济工作会议部署 2024 年经济工作，把"以科技创新引领现代化产业体系建设"摆在九项重点任务第一位。今年的政府工作报告中，"大力推进现代化产业体系建设，加快发展新质生产力"居于 2024 年政府工作十大任务首位。

科技创新是发展新质生产力的核心要素。及时将科技创新成果应用到具体产业和产业链上，完善现代化产业体系，就打通了科技创新、产业创新到发展新质生产力的链条。

从去年 3 月参加江苏代表团审议、7 月在江苏考察，再到这次参加江苏代表团审议，总书记对科技创新和现代化产业体系建设的重视一以贯之。以科技创新为引领，统筹推进传统产业升级、新兴产业壮大、未来产业培育……江苏有条件、有能力走在前、做示范。

——进一步全面深化改革。

今年是全面深化改革又一个重要年份。1月底中央政治局集体学习时，总书记讲清了发展新质生产力同全面深化改革的关系：发展新质生产力，必须进一步全面深化改革，形成与之相适应的新型生产关系。

这次参加江苏代表团审议，总书记再次强调谋划进一步全面深化改革重大举措。以改革的办法打通堵点卡点，必将有效破除新质生产力发展的束缚和障碍，让创新创造源源不断涌现。

——发挥经济大省在发展新质生产力中的重要作用。

总书记明确指出，"江苏发展新质生产力具备良好的条件和能力"，殷切希望江苏"成为发展新质生产力的重要阵地"，要求江苏"在更大范围内联动构建创新链、产业链、供应链，更好发挥经济大省对区域乃至全国发展的辐射带动力"，充分表明像江苏这样的经济大省，在发展新质生产力中肩负着重任。

总书记在全国两会上聚焦新质生产力，既是立足江苏，更是放眼全国。对于各地而言，关键是用好总书记指出的"因地制宜"这一方法论，不断深化对新质生产力的理论认识和实践探索，推动经济持续回升向好，提振全社会发展信心，切实造福于民。

（新华社2024年3月6日播发　主笔：杨依军、黄玥、陈炜伟）

打造中国经济向"新"力　共建繁荣美好世界

——习近平总书记关于发展新质生产力重要论述引发海外人士热议

"加大创新力度，培育壮大新兴产业，超前布局建设未来产业，完善现代化产业体系""积极促进产业高端化、智能化、绿色化"……中共中央总书记、国家主席、中央军委主席习近平5日下午在参加他所在的十四届全国人大二次会议江苏代表团审议时强调，要牢牢把握高质量发展这个首要任务，因地制宜发展新质生产力。

海外人士对习近平总书记关于发展新质生产力的重要论述给予高度评价，认为习近平总书记的论述为继续巩固和增强经济回升向好的态势注入动力，为中国经济高质量发展、推进中国式现代化建设提供科学指引，相信中国发展新质生产力将不断取得成果，向"新"而行的中国经济也将为全球经济发展增加新活力、带来新机遇，助推建设和平发展、共同繁荣的美好世界。

"推动高质量发展的新引擎"

从在地方考察时首次提出"新质生产力"这一重大概念,到在中央经济工作会议部署"发展新质生产力"、在政治局集体学习时系统阐述,再到此次参加江苏代表团审议时所作重要论述,习近平总书记关于新质生产力作出的一系列重要论述、重大部署,深刻阐明以加快发展新质生产力推动高质量发展的现实意义、方法路径和重要举措,为中国在强国建设、民族复兴新征程上推动高质量发展提供了科学指引。

长期关注中国发展的英国国际关系专家基思·贝内特认为,习近平总书记关于发展新质生产力的重要论述与时俱进,契合时代需求。发展新质生产力是革命性技术突破和产业深度转型升级的结果,强调的不仅仅是发展的速度,还有发展的规模和质量,有助于削减繁重劳动、改善生态环境,提高人们的生活质量,实现绿色经济。

在中国日本商会会长、松下控股集团全球副总裁本间哲朗眼中,中国如今不仅是制造大国,还已成为创新大国。他相信,中国发展新质生产力利好经济长期稳定增长,将促进技术创新和产业升级。他介绍,从2023年参加上海进博会开始,松下将中国业务分为"健康智能住空间""新能源汽车零部件""智能制造"三大领域,提出贯穿整体的"绿智造 创未来"概念。松下认为这三大领域契合中国市场需求和中国经济发展趋势。

解读新质生产力

在西门子全球执行副总裁、西门子中国董事长、总裁兼首席执行官肖松看来，新质生产力正成为中国全力推进高质量发展的新引擎，西门子也因此看到广阔的市场机遇与新业务增长点。

土耳其亚太研究中心主任塞尔丘克·乔拉克奥卢曾多次访华，他对中国发展模式很感兴趣。他认为，加大创新力度，用新技术改造提升传统产业，将为不同行业提质转型带来新的动力，"加快发展新质生产力至关重要"。

巴基斯坦伊斯兰堡和平与外交研究所所长费尔哈特·阿西夫对习近平总书记关于"培育壮大新兴产业，超前布局建设未来产业"的论述印象深刻。她认为，新质生产力理念代表了工业与技术革命的范式转变，将使中国社会更加适应全球不断变化的发展态势，促进可持续增长和包容性发展。

从习近平总书记的论述中，阿根廷工程和技术支持公司总裁费尔南多·法佐拉里读出了新质生产力在中国经济增长中将发挥越来越重要的作用。他表示，近年来，中国的科技创新产生很多高科技含量、高知识含量产业，这些产业发展成果将助力中国社会发展，而随着时间推移，这种发展也将助力全球发展，惠及更多人。

英国广播公司网站刊文认为，新质生产力将成为未来中国发展议程中高频出现的"热词"。报道援引美国得克萨斯大学圣安东尼奥校区学者乔恩·泰勒的话说，这意味着中国经济发展将"强调以新兴智能和环保技术为核心的科技、数字化和高端制造业的发展与商业化"。

"落到实处的行动"

神舟十七号载人飞船发射取得圆满成功,"东数西算"工程加速推进,电动汽车、锂电池、光伏产品"新三样"表现抢眼,人工智能、量子技术等前沿领域创新成果不断涌现……中国科技创新能力持续提升,新产业、新模式、新动能加快壮大,新时代中国高质量发展扎实推进。

"中国加快发展新质生产力是落到实处的行动。"菲律宾达沃雅典耀大学卡拉姆研究所所长穆索利尼·利达桑去年两次到访中国,对中国在科技创新领域的发展有着切身感受。"中国加快发展新质生产力将为其他国家平衡经济与可持续发展之间的关系树立榜样。中国在人工智能、数字经济、绿色技术、城市建设等领域的发展有望在未来助推行业革命,惠及全球经济。"

菲律宾"亚洲世纪"战略研究所副所长安娜·马林博格－乌伊对习近平总书记谈到的"积极促进产业高端化、智能化、绿色化"给予高度评价,认为对发展新质生产力的重要部署具有前瞻性,强调以科技、数字经济、绿色技术等赋能经济发展,充分平衡经济增长、科技进步与可持续发展间的关系。

解读新质生产力

泰国泰中"一带一路"研究中心主任威伦·披差翁帕迪充分赞同习近平总书记所强调的"发展新质生产力不是忽视、放弃传统产业"。威伦认为，中国地大物博资源禀赋差异性明显，发展新质生产力应加强对有限资源的整合分配，统筹好产业布局，因地制宜、循序渐进，使其成为高质量发展的高效助推力。

如今，全球光伏发电装机容量近一半在中国；全球新能源汽车一半以上行驶在中国；数字支付规模占全球份额接近一半；高速铁路运营里程超过全球其他国家总和……联合国贸发会议资深经济学家梁国勇表示，形成和发展新质生产力，关键在于科技创新。中国的科研投入和产出已居于世界领先地位，在多个创新领域发挥引领作用。"中国发展新质生产力举措将为中国和世界经济带来更多机遇。"

欧洲飞机制造商空中客车年初发布了未来20年全球航空服务市场预测，其中中国在未来20年将成为最大航空服务市场。"以可持续航空燃料取代传统化石燃料，是航空业目前较为成熟的减碳解决方案，也正是航空业的新质生产力之一。"空中客车中国公司首席执行官徐岗认为，中国在可持续航空燃料原料获取、生产加工方面拥有巨大优势，期待与中国共同推动可持续航空燃料的规模化生产和利用，促进航空业的绿色低碳发展。徐岗说，几十年来，空中客车一直致力于成为中国值得信赖的长期合作伙伴。在中国追求高质量发展的道路上，空客既能以高效的产品和优质的服务贡献力量，也能享受到很多机遇和红利。

德国叉车制造及供应链解决方案供应商凯傲集团在中国市场深耕30年，见证了中国高质量发展和绿色转型进程。"如果没有友好稳定的投资环境，我们在中国的成功发展是不可能的。"集团首席执行官罗布·史密斯说，中国经济的强大韧性和蓬勃生机坚定了凯傲集团的信心，将持续植根中国，积极把握机遇，通过本土创新与合作，在新能源、数字化和自动化方面持续发力，为中国用户提供更丰富多元的企业内部物流解决方案，共创全新未来。

"给世界带来新机遇"

德国柏林东北部的一个太阳能公园里，晶莹的光伏板整齐排列，而维持着这个太阳能公园稳定高效运转的重要设备逆变器的供应商是一家中国企业。将"制造"提升为"智造"，降低对化石燃料的依赖、促进可持续发展，许许多多像逆变器这样的中国产品正悄然推动着世界经济的绿色转型。

"中国发展新质生产力符合世界利益。"埃及埃中商会秘书长迪亚·赫尔米重点关注到习近平总书记关于"加大创新力度，培育壮大新兴产业"的论述。他指出，中国不断取得重要创新成果，推动世界科技进步。

对于习近平总书记强调的"塑造更高水平开放型经济新优

势"，纳米比亚贸工部执行主任西孔戈·海汉博感触颇深。他认为，正是长期秉持的开放姿态，成就了中国在电动汽车、航空航天等领域的创新。期待纳中未来加强新能源等方面合作，助力纳米比亚早日实现工业化目标。

联合国环境规划署可持续交通部门负责人罗布·德容表示，中国已成为全球电气化进程的重要参与者，中国电动车技术在世界范围处于领先位置，希望中国发展新质生产力的举措可以帮助全球南方国家共享中国绿色技术。

新加坡南洋理工大学南洋商学院高级讲师闫黎认为，新质生产力利用科技赋能，推动新兴产业和未来产业的发展。中国如今已在新能源开发、新能源汽车制造、智能汽车制造等领域处于全球领先地位，发展潜力巨大，这也将为发展中国家带来启发。

印度尼西亚是世界上生产新能源汽车电池所需镍矿储量最多的国家。印尼战略与国际问题研究中心中国问题专家韦罗妮卡·萨拉斯瓦蒂指出，不少中国矿业企业和新能源车企已通过直接投资、本土化生产等方式，助力印尼提高工业化水平、增加就业。"中国发展新质生产力将为包括印尼在内的许多国家带来巨大机遇。"

巴西商业领袖组织中国区首席执行官小若泽·卢斯认为，更高水平的对外开放将为中国发展新质生产力提供强有力支持。"我曾多次参加上海进博会，中国在制造业、清洁能源、电子商务等领域的创新能力不仅促进了本国经济增长，也有助于与世界协同发展。"他认为，更高水平开放型经济将助力中国在新兴产业领域与世界携手共进。

"中国发展新质生产力将进一步提升中国对外开放的质量。"哥伦比亚对外大学国际关系专家戴维·卡斯特里利翁说，发展新质生产力将使中国进口需求更加多样化，这将对中国的全球伙伴产生倍数效应，助力发掘发展中国家新的经济发展潜力。

"通过鼓励发展数字经济、智能制造和可持续能源等新兴产业，中国将为增强全球经济韧性作出贡献。"中欧数字协会主席路易吉·甘巴尔代拉看好中国发展新质生产力对全球发展的积极促进作用。他说，中国举措将为其他国家提供更多参与新兴产业的机遇，为全球技术进步营造良好合作氛围。

（新华社北京 2024 年 3 月 6 日电　新华社记者王雅楠、何梦舒、常天童）

目录

CONTENTS

第一观察丨习近平总书记首次提到"新质生产力" / 1

习近平在中共中央政治局第十一次集体学习时强调　加快发展新质生产力
推进高质量发展 / 5

以新质生产力为高质量发展注入强大动力
——习近平总书记参加江苏代表团审议时的重要讲话指引方向、指导实践 / 9

两会第一观察丨总书记有力指导新质生产力发展实践 / 14

打造中国经济向"新"力　共建繁荣美好世界
——习近平总书记关于发展新质生产力重要论述引发海外人士热议 / 18

上　篇　理论阐释篇

新质生产力"新"在哪？ / 2
推动新质生产力加快发展 / 6
深刻把握发展新质生产力的实践要求 / 11
深刻领会因地制宜对发展新质生产力的重要意义 / 15
坚持科技创新引领发展
——加快形成新质生产力系列述评之一 / 19

以改革创新释放发展动能

　　——加快形成新质生产力系列述评之二 / 27

积极构建现代化产业体系

　　——加快形成新质生产力系列述评之三 / 35

要在"新"和"质"上下功夫

　　——代表委员谈新质生产力 / 43

新质生产力激发新活力

　　——代表委员谈科技创新引领未来 / 47

发展新质生产力，落子在"实"

　　——代表委员谈从实际出发因地制宜培育发展新质生产力 / 50

向新向智向未来　加快培育新质生产力 / 57

下　篇　生动实践篇

为高质量发展注入强劲推动力支撑力

　　——从全国两会看发展新质生产力 / 66

布局未来　中国向"新"发力 / 76

发展新质生产力，地方如何选赛道？ / 82

塑造竞争新优势　抢占未来制高点

　　——北京加快形成新质生产力一线观察 / 92

亦庄追"新"

　　——北京国家级经开区的新质生产力探索样本 / 100

品"质"焕新，发展见"力"

　　——上海推进高质量发展追踪 / 109

目录

向新向实向未来

  ——深圳加快形成新质生产力观察 / 117

聚资源、聚人才、聚产业

  ——成都做强西部新质生产力高地观察 / 125

数字之城，向"新"而兴

  ——新质生产力的杭州实践观察 / 134

安徽加快培育新质生产力观察 / 141

科技攻"尖"　产业攀高

  ——合肥发展新质生产力观察 / 149

向新求变　蓄能未来

  ——沈阳加快形成新质生产力观察 / 158

"新""新"向荣强动能

  ——山东加快培育新质生产力观察 / 166

新质生产力激发中国东北振兴新动能 / 172

小而有为　后发竞先

  ——宁夏培育新质生产力加速动能转换观察 / 176

在追高求新中壮大现代制造业集群

  ——重庆因地制宜发展新质生产力观察 / 182

为新质生产力发展营造良好创新氛围

  ——广东构建全过程创新链打造未来产业 / 190

打造营养　智慧　绿色　乳业新质生产力 / 197

编后记 / 204

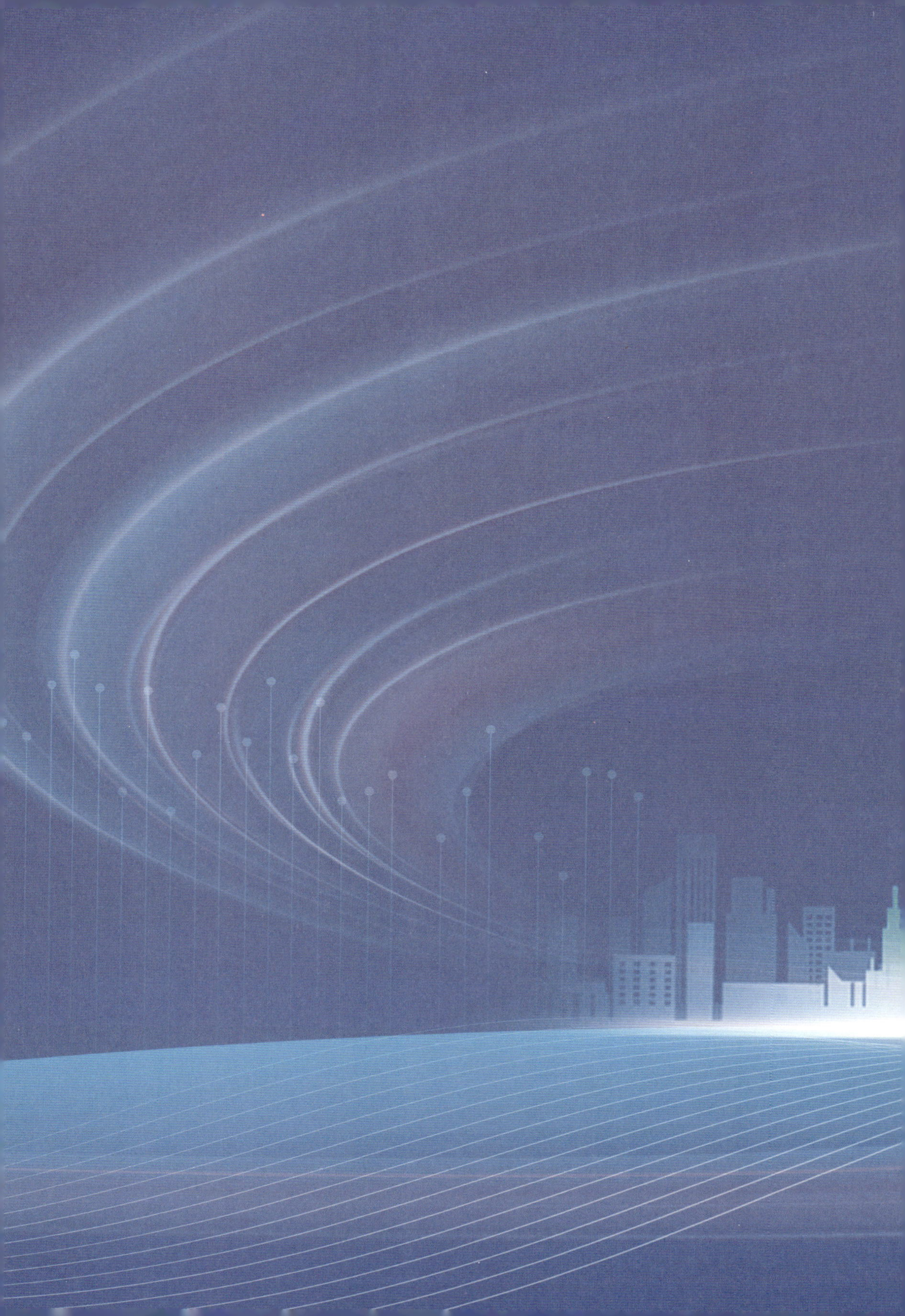

上 篇
理论阐释篇

新质生产力"新"在哪？

◎ 何为新质生产力？中央提出，新质生产力是以劳动者、劳动资料、劳动对象及其优化组合的跃升为基本内涵，以全要素生产率大幅提升为核心标志，特点是创新，关键在质优，本质是先进生产力。

◎ 具体来看，新质生产力"新"在四个方面：新劳动者，如能充分利用现代技术的新型人才；新劳动对象，如数据要素；新劳动工具，如生成式人工智能；新型基础设施，如大数据中心等。

◎ 新质生产力的"质"，可以从两个方面理解：一是质态，新质生产力把数据作为驱动经济运行的新质生产要素，从而打破了传统生产要素的质态；二是质效，新质生产力要使得生产工艺、品质大幅提升，要以新技术新产品驱动新的社会需求。

中共中央政治局第十一次集体学习提出，加快发展新质生产力。新质生产力这一概念自2023年9月提出以来，中央多次对其进行阐述、部署。如何理解新质生产力？

生产力变革加速

2024年初，一条关于专利的新闻令人振奋：截至2023年底，我国国内（不含港澳台）发明专利拥有量达到401.5万件，成为世界上首个国内有效发明专利数量突破400万件的国家。我国发明专利达到第一个、第二个和第三个100万件分别用时31年、4年和2年，突破第四个用时1年半。

中国宏观经济研究院产业经济与技术经济研究所产业结构与产业政策室主任、研究员邱灵对半月谈记者表示，这一数据从侧面反映，发展新质生产力，中国已有扎实的创新基础和技术底气。

何为新质生产力？中央提出，新质生产力是以劳动者、劳动资料、劳动对象及其优化组合的跃升为基本内涵，以全要素生产率大幅提升为核心标志，特点是创新，关键在质优，本质是先进生产力。

核心标志中指向的"全要素生产率"，指的是各要素（如资本和劳动等）投入之外，技术进步和能力实现等导致的产出增加，通常被视为技术进步对经济发展作用的综合反映。由此也可以看出，新质生产力具备高科技、高效能、高质量特征。

解读新质生产力

从比较中看新质生产力

与沿着现有技术路线的增量创新不同,科技创新的不确定性大,很难预测技术突破会出现在哪个领域,很难准确判断技术路线的前景、商业应用的周期,因此更应该拓宽容错空间,限制行政干预,改革科研评价方式。此次中共中央政治局集体学习也指出,要营造鼓励创新、宽容失败的良好氛围。

具体来看,新质生产力"新"在四个方面:新劳动者,如能充分利用现代技术的新型人才;新劳动对象,如数据要素;新劳动工具,如生成式人工智能;新型基础设施,如大数据中心等。

新质生产力的"质",可以从两个方面理解:一是质态,新质生产力把数据作为驱动经济运行的新质生产要素,从而打破了传统生产要素的质态;二是质效,新质生产力要使得生产工艺、品质大幅提升,要以新技术新产品驱动新的社会需求。

新质生产力对劳动者素质、生产要素配置水平、基础设施等提出了新的要求,而这些条件在不同地区存在发展落差。邱灵认为,培育新质生产力既要巩固战略性新兴产业、提前布局未来产业,也要改造提升传统产业。"要客观看待区域发展落差,先把本地特色传统产业改造好,夯实现代化产业体系基底。"

看优势也看短板

2023年，C919大飞机实现商飞、国产大型邮轮完成试航、"新三样"（电动载人汽车、锂离子蓄电池、太阳能电池）出口表现亮眼……从产业端看，新质生产力正在加速形成。

邱灵认为，我国加快发展新质生产力具备三大优势条件：超大规模国内市场，这是新质生产力发展的量变基础；规模巨大的人才总量，我国接受大学教育人数和研发人员全时当量，均位居世界首位；新型举国体制有助于深化经济、科技体制改革，让各类先进优质生产要素向发展新质生产力顺畅流动。

同时也要看到，我国有效发明专利产业化率为36.7%，高校发明专利产业化率为3.9%，与发达国家相比还有明显差距。原始创新能力仍相对薄弱、产学研融合生态尚未形成、人才培养与社会需求存在错位、不当竞争和地方保护导致要素流通不畅等问题，也是短板所在。

业内专家认为，从科技创新到未来产业再到战略性新兴产业是一个连续的光谱，发展新质生产力要"用明天的科技锻造后天的产业"。这提示我们，要把注意力往前端转移，积极健全支持原始创新的体制机制，从鼓励"技术模仿"到引导进行"试错型"探索，让科研人才和企业敢闯敢试。

（原载《半月谈》2024年第4期　记者孙文豪）

推动新质生产力加快发展

◎ 推动新质生产力加快发展,要紧紧扭住科技创新这个牛鼻子。科技是第一生产力,创新是引领发展的第一动力。

◎ 推动新质生产力加快发展,要牢牢把握质优这个关键性要求。绿色发展是以效率、和谐、持续为目标的经济增长和社会发展方式。

◎ 推动新质生产力加快发展,要以全面深化改革提供强大动力。生产力决定生产关系,生产关系反作用于生产力,生产关系必须与生产力发展要求相适应。

"发展新质生产力是推动高质量发展的内在要求和重要着力点，必须继续做好创新这篇大文章，推动新质生产力加快发展。"习近平总书记在主持中央政治局第十一次集体学习时，就扎实推进高质量发展发表重要讲话。讲话回顾总结新时代以来党中央推动高质量发展取得的丰硕成果，客观分析制约高质量发展的问题因素，全面阐明以加快发展新质生产力推动高质量发展的现实意义、方法路径和重要举措。从去年9月首次提到"新质生产力"，到在中央经济工作会议部署"发展新质生产力"，再到本次政治局集体学习时的系统阐述，习近平总书记关于新质生产力的一系列重要论述、重大部署，是对马克思主义生产力理论的创新和发展，进一步丰富了习近平经济思想的内涵，为我们在强国建设、民族复兴的新征程上推动高质量发展提供了科学指引。

理论源于实践，又指导实践。生产力是推动社会进步的最活跃、最革命的要素。高质量发展需要新的生产力理论来指导，而新质生产力已经在实践中形成并展示出对高质量发展的强劲推动力、支撑力，需要我们从理论上进行总结、概括，用以指导新的发展实践。概括地说，新质生产力是创新起主导作用，摆脱传统经济增长方式、生产力发展路径，具有高科技、高效能、高质量特征，符合新发展理念的先进生产力质态。它由技术革命性突破、生产要素创新性配置、产业深度转型升级而催生，以劳动者、劳动资料、劳动对象及其优化组合的跃升为基本内涵，

解读新质生产力

以全要素生产率大幅提升为核心标志,特点是创新,关键在质优,本质是先进生产力。要深刻认识到,加快发展新质生产力是塑造发展新动能新优势的客观要求,是打造发展新优势、赢得发展主动权的必然选择。只有深刻把握新质生产力的时代内涵、核心要义、本质要求,才能以更具前瞻的战略眼光、更加有效的务实举措、更为积极的主动作为把加快发展新质生产力的要求部署落到实处。

推动新质生产力加快发展,要紧紧扭住科技创新这个牛鼻子。科技是第一生产力,创新是引领发展的第一动力。科技创新能够催生新产业、新模式、新动能,是发展新质生产力的核心要素。纵观近年来全球经济增长的新引擎,无一不是由新技术带来新产业,进而形成新的生产力。加快发展新质生产力,要咬定创新不放松,驰而不息补短板、固底板、锻长板。一方面,必须加强科技创新特别是原创性、颠覆性科技创新,加快实现高水平科技自立自强,打好关键核心技术攻坚战,使原创性、颠覆性科技创新成果竞相涌现,培育发展新质生产力的新动能。另一方面,要及时将科技创新成果应用到具体产业和产业链上,围绕发展新质生产力布局产业链,围绕推进新型工业化和加快建设制造强国、质量强国、网络强国、数字中国和农业强国等战略任务,科学布局科技创新、产业创新,促进数字经济和实体经济深度融合,推动更多科技成果转化为现实生产力。

推动新质生产力加快发展,要牢牢把握质优这个关键性要求。绿色发展是以效率、和谐、持续为目标的经济增长和社会发展方式。绿色发展是高质量发展的底色，新质生产力本身就是绿色生产力。要牢固树立和践行绿水青山就是金山银山的理念，加快绿色科技创新和先进绿色技术推广应用，构建绿色低碳循环经济体系，持续优化支持绿色低碳发展的经济政策工具箱，打造高效生态绿色产业集群，大力倡导绿色健康生活方式，加快发展方式绿色转型，助力碳达峰碳中和，进一步厚植高质量发展的绿色底色。

  推动新质生产力加快发展，要以全面深化改革提供强大动力。生产力决定生产关系，生产关系反作用于生产力，生产关系必须与生产力发展要求相适应。发展新质生产力，必须进一步全面深化改革，形成与之相适应的新型生产关系。要深化经济体制、科技体制等改革，着力打通束缚新质生产力发展的堵点卡点，建立高标准市场体系，创新生产要素配置方式，让各

类先进优质生产要素向发展新质生产力顺畅流动。同时，要扩大高水平对外开放，为发展新质生产力营造良好国际环境。

人是生产力中最活跃的因素，也是最具有决定性的力量。要用好人才这个第一资源，按照发展新质生产力要求，从完善工作机制保障、加大人才培养力度、加强收入分配激励等方面着力，进一步培厚人才成长土壤，营造鼓励创新、宽容失败的良好氛围，让人才创新创造活力充分迸发，为推动新质生产力发展提供有力人才支撑。

新时代孕育新思想，新理论引领新实践。让我们深入学习领会习近平总书记关于新质生产力的重要论述，认认真真抓好贯彻落实，不断以新质生产力增强发展新动能，更好推动我国经济社会高质量发展。

（新华社北京 2024 年 2 月 1 日电　新华社评论员）

深刻把握发展新质生产力的实践要求

◎ 发展新质生产力，要处理好共性和个性的关系。从实际出发，按规律办事，打好"特色牌"，走稳"务实路"，推动新质生产力发展闯出一片新天地。

◎ 发展新质生产力，要处理好新兴产业和传统产业的关系。发展新质生产力不是忽视、放弃传统产业，而应坚持先立后破，做好统筹推进的文章，让新兴产业与传统产业相互促进、相得益彰，形成推动高质量发展的合力。

◎ 发展新质生产力，要处理好生产力和生产关系的关系。发展新质生产力，必须进一步全面深化改革，形成与之相适应的新型生产关系。

解读新质生产力

5日，习近平总书记在参加他所在的十四届全国人大二次会议江苏代表团审议时强调，要牢牢把握高质量发展这个首要任务，因地制宜发展新质生产力。总书记的重要讲话，充满科学、务实精神，对发展新质生产力、推动高质量发展具有十分重要的指导意义。

生产力是推动社会进步的最活跃、最革命的要素。新质生产力的特点是创新，关键在质优，本质是先进生产力，已经在实践中形成并展示出对高质量发展的强劲推动力、支撑力。在强国建设、民族复兴的新征程上，发展新质生产力是推动高质量发展的内在要求和重要着力点。"来而不可失者，时也；蹈而不可失者，机也。"面对新一轮科技革命和产业变革，只有抢抓机遇，加大创新力度，加快发展新质生产力，我们才能进一步增强发展新动能、塑造发展新优势，把发展主动权牢牢掌握在自己手里。发展新质生产力是一项长期任务、系统工程，涉及方方面面，需要科学谋划、统筹兼顾，坚持稳中求进，扎扎实实向前推进。

发展新质生产力，要处理好共性和个性的关系。我国幅员辽阔，各地的资源禀赋、产业基础、科研条件等各不相同，必须坚持从实际出发，因地制宜，分类指导，坚持"一把钥匙开一把锁"，有所为有所不为，有选择地推动新产业、新模式、新动能发展。要保持定力，科学理性推动工作，找准着力点和主攻方向，既要防止一哄而上、泡沫化的"大呼隆"，也要防止重复建设、只搞一种模式的"抄作业"。从实际出发，按规律办事，打好"特色牌"，走稳"务实路"，推动新质生产力发展闯出一片新天地。

发展新质生产力，要处理好新兴产业和传统产业的关系。发展新质生产力不是忽视、放弃传统产业，而应坚持先立后破，做好统筹推进的文章，让新兴产业与传统产业相互促进、相得益彰，形成推动高质量发展的合力。以科技创新为引领，一手抓培育壮大新兴产业、超前布局建设未来产业，一手抓传统产业升级，积极促进产业高端化、智能化、绿色化转型，才能让产业发展脱胎换骨、强筋壮骨，为完善现代化产业体系提供坚实有力支撑。

发展新质生产力，要处理好生产力和生产关系的关系。发展新质生产力，必须进一步全面深化改革，形成与之相适应的新型生产关系。要深化科技体制、教育体制、人才体制等改革，打通束缚新质生产力发展的堵点卡点，加快构建有利于新质生产力发展的体制机制，让各类先进优质生产要素向发展新质生产力顺畅流动。要扩大高水平对外开放，持续建设市场化、法治化、国际化一流营商环境，塑造更高水平开放型经济新优势，为发展新质生产力营造良好国际环境。向改革要动力，向开放要活力，发展新质生产力的前景就会越来越广阔。

促进产业科技互促双强，加快建设科创高地，推进创新平台建设，推动制造业数字化转型、中小企业数字化赋能，打通原创技术的市场转化渠道……发展没有止境，实干开创未来。让我们深刻把握、认真贯彻落实习近平总书记关于发展新质生产力的重要论述、实践要求，鼓足干劲、奋发有为，让新质生产力的发展步伐更加稳健有力，不断取得推动高质量发展的扎实成效。

（新华社北京 2024 年 3 月 6 日电　新华社评论员）

深刻领会因地制宜对发展新质生产力的重要意义

◎ 习近平总书记明确提出"因地制宜"的要求，是对发展新质生产力的最新论述，指明了前进的方向和路径。

◎ 新质生产力发展得好不好，说到底要看实效。立足实情，求真务实，真抓实干，才能让各类先进优质生产要素向发展新质生产力顺畅流动，不断塑造发展新动能新优势，促进社会生产力实现新的跃升。

解读 新质生产力

3月5日下午,习近平总书记在参加十四届全国人大二次会议江苏代表团审议时强调,因地制宜发展新质生产力。

新质生产力特点是创新,关键在质优,本质是先进生产力。此次,习近平总书记明确提出"因地制宜"的要求,是对发展新质生产力的最新论述,指明了前进的方向和路径。

坚持实事求是,一切从实际出发。"因地制宜"四个字,蕴含着习近平新时代中国特色社会主义思想的重要方法论。

因地制宜,是基于对中国国情的深刻把握。

我国幅员辽阔、人口众多,各地资源禀赋和发展水平千差万别,发展的重点难点不尽相同,不能简单套用单一发展模式。

因地制宜,是基于新质生产力的丰富内涵。

新质生产力是多种因素共同作用的结果,不仅局限于"高精尖",也包括传统产业高端化、智能化、绿色化转型等内容。不同地方的发展阶段不同,新质生产力发展也会呈现不同的区域特征。重要的是分类实施,要根据本地的资源禀赋、产业基础、科研条件等,有选择地推动新产业、新模式、新动能发展。紧扣科技创新的核心要素,在固长板、补短板、锻新板上狠下功夫,探索出发挥本地优势、展现本地特长的新路子。

今年的政府工作报告在部署加快发展新质生产力时提出,积极培育新兴产业和未来产业,深入推进数字经济创新发展。加快培育形成新质生产力涉及多方面的内容,新兴产业、未来产业只是其中之一。虽然新兴产业和未来产业是发展新质生产

图为2024年1月25日拍摄的埕北油田全景（无人机照片）。当日，位于渤海湾西南部的埕北油田油气处理与岸电设备共建平台——CEPC（中心平台）正式投产，该平台可使油田接入来自陆地的绿色电力，减少海上"自发电"带来的天然气和原油消耗。（新华社发 杜鹏辉摄）

力的主阵地，但决不能忽视、放弃传统产业。

对传统产业与新质生产力的关系，要用全面、辩证、发展的眼光观察和理解。传统产业不等于落后产业、无效产业，是很多地方现代化产业体系的基座。一方面，传统产业为新质生产力提供支撑；另一方面，当传统产业注入创新力量，也能"老树发新枝"，形成新的活力。

因地制宜，是求实效、谋长远的必然要求。

当前，发展新质生产力，各地各部门积极行动、干劲十足。

越是此时越要冷静，不要一窝蜂，不要赶时髦，更不要搞未立先破，不能新的吃饭家伙还没拿到手，就把手里吃饭的家伙先扔了。也不要搞行政强推，否则很可能导致项目投资过多、产能过剩严重，反而影响地方经济社会正常发展。发展新质生产力需谨防脱离实际、盲目攀比、任性蛮干等种种不良倾向。

新质生产力发展得好不好，说到底要看实效。立足实情，求真务实，真抓实干，才能让各类先进优质生产要素向发展新质生产力顺畅流动，不断塑造发展新动能新优势，促进社会生产力实现新的跃升。

（新华社北京 2024 年 3 月 6 日电　新华社记者刘怀丕、王亚宏、杨柳）

坚持科技创新引领发展
——加快形成新质生产力系列述评之一

◎ 加快发展新质生产力，必须坚持科技创新引领，实现人才强、科技强进而促进产业强、经济强，要加快实现高水平科技自立自强，支撑引领高质量发展，为全面建设社会主义现代化国家开辟广阔空间。

◎ 新质生产力的提出，意味着党中央将以更大决心推动以科技创新引领产业全面振兴，以产业升级构筑新竞争优势、赢得发展主动权。

解读新质生产力

习近平总书记近日在黑龙江主持召开新时代推动东北全面振兴座谈会时强调，积极培育新能源、新材料、先进制造、电子信息等战略性新兴产业，积极培育未来产业，加快形成新质生产力，增强发展新动能。

加快发展新质生产力，必须坚持科技创新引领，实现人才强、科技强进而促进产业强、经济强，要加快实现高水平科技自立自强，支撑引领高质量发展，为全面建设社会主义现代化国家开辟广阔空间。

以科技创新为主导：为生产力增添科技内涵

中国空间站遨游太空、蛟龙潜水器探秘深海、"中国天眼"FAST巡天观测、国产大飞机C919飞向蓝天……

科技创新，如同撬动新事物的杠杆，总能迸发出令人意想不到的强大力量。

纵观人类发展史，科技创新始终是一个国家、一个民族发展的不竭动力，是社会生产力提升的关键因素。新质生产力是科技创新在其中发挥主导作用的生产力，是以高新技术应用为主要特征、以新产业新业态为主要支撑、正在创造新的社会生产时代的生产力。

踏上新征程，加快构建新发展格局，推动高质量发展，迫切需要科技创新做好动力引擎、当好开路先锋，加快形成更多新质生产力，为建设现代化产业体系注入强大动力。

从时不我待推进科技自立自强、只争朝夕突破"卡脖子"问题，到牢牢扭住自主创新这个"牛鼻子"、发挥科技创新的"增量器"作用，从推动经济发展质量变革、效率变革、动力变革，到深入推进发展方式、发展动力、发展领域、发展质量变革，习近平总书记首次明确提出"加快形成新质生产力"，这为科技创新引领产业全面振兴指明了方向。

抓创新就是抓发展，谋创新就是谋未来。加快形成新质生产力，需要增强创新这个第一动力。

"新质生产力的提出进一步增添了生产力的科技内涵，也让创新这个第一动力的指征更加具体。"中国科学技术发展战略研究院副院长郭戎认为，新质生产力有别于传统生产力，涉

图为2023年6月22日拍摄的"中国天眼"全景（无人机照片，维护保养期间拍摄）。（新华社记者欧东衢摄）

及领域新、技术含量高，依靠创新驱动是其中关键，代表着一种生产力的跃迁。

近年来，我国基础研究经费从 2012 年的 499 亿元增长到 2022 年的 2023.5 亿元，有力支撑了铁基超导、量子信息、干细胞、合成生物学等领域的重大成果产出。

中国人工智能学会副秘书长余有成表示，新质生产力的提出，意味着党中央将以更大决心推动以科技创新引领产业全面振兴，以产业升级构筑新竞争优势、赢得发展主动权。

以科技成果转化为抓手：让更多科技创新迸发涌流

如果说"从 0 到 1"代表着科技创新的原始突破，那成果转化进入市场就是"从 1 到无穷"的路径演进。提高科技成果转化水平，是科技创新和产业创新对接的"关口"，也是转化为新质生产力的关键。

"科创＋产业"加速融合，战略性新兴产业集群不断向高端化、智能化、绿色化迈进，着力推动我国产业跃升……

这是科技成果转化从"书架"到"货架"的加速度——

短短一年时间，西安砺芯慧感科技有限公司 1200 多平方米的毛坯房就变成了洁净车间。这家脱胎于西北工业大学的企业主要从事传感器研发制造，在秦创原平台的帮扶支持下一个月内就走完审批、选址、专利评估等流程，大大降低了初创企业的组建难度。

作为科技创新孵化器，陕西秦创原平台经过两年多建设，正加速释放科创潜能，其构建的"产业创新+企业创新"平台体系已建成国家级制造业创新中心1家、省级制造业创新中心19家，为科技成果转化蹚出一条新路。

这是"放手"发展当下、"放眼"蓄势未来的积极谋划——

安徽合肥，在经济技术开发区内的大众汽车（安徽）有限公司生产基地，数百个机器人有条不紊地运转，庞大的工厂车间只需要不超过百名工人，将于今年底实现首台车型量产。

近年来，安徽不懈推动现代化产业体系建设，加快培育壮大战略性新兴产业，今年更是将汽车产业提升为"首位产业"。今年上半年，安徽新能源汽车产量34.2万辆，同比增长87.8%。

"产业体系的质量，奠定了经济发展的质量。"合肥高新区管委会副主任吕长富表示，战略产业、未来产业是"用明天的科技锻造后天的产业"，大数据、云计算、人工智能等新技术深刻演变，只有用硬科技赋能现代产业体系，才能为未来发展蓄力。

这是在更多前沿领域的"换道超车"——

在刚刚闭幕的2023年中国国际服务贸易交易会上，一台名为"术锐"的手术机器人剥蛋壳的演示吸引众人驻足观看。剥完后，薄如蝉翼的蛋膜完好无损。这台手术机器人由北京术锐机器人股份有限公司研发,在全球拥有近600项知识产权及申请,多项技术达国际先进水平。

当前,我国发展面临的机遇和挑战并存,要办好发展和安全两件大事,必须向科技创新要方法、要答案,以高水平科技自立自强提供"筋骨"支撑。要加强基础研究和原始创新,以"非对称"策略在前沿领域加快"换道超车"。要紧紧围绕产业链供应链关键环节、关键领域、关键产品,布局"补短板"和"锻长板"并重的创新链,全面提升创新链整体效能。

以培育新产业为支撑:加快形成新质生产力

无论是当前提振信心、推动经济回升向好,还是在未来发展和国际竞争中赢得战略主动,都必须加快实现高水平科技自立自强,以科技体制改革为突破,强化企业科技创新主体地位,开辟新赛道、增强新动能、塑造新优势,加快形成新质生产力。

> **专家观点**
>
> 新质生产力是以科技创新为经济增长新引擎、以新兴产业和未来产业为载体,符合高质量发展要求的新型生产力。这一重大理念的提出,具有深刻的时代背景,对中国经济实施创新驱动发展战略具有重大的指导意义。
> ——华福证券首席经济学家燕翔

——开辟新赛道。江苏重点布局

2024年2月18日,"蓝鲸7500"号成功吊装"深海一号"二期工程综合处理平台东西组块(无人机照片)。(新华社发 黎多江摄)

变革性新材料、类脑智能等前沿方向;围绕工业母机、生物医药等产业链短板实施59项关键核心技术攻关;完善"揭榜挂帅"机制,发布重大任务榜单28个,吸引63个高水平团队参与攻关。

——增强新动能。上半年,全球首座十万吨级1500米超深水半潜式生产储油平台"深海一号"具备远程遥控生产能力;我国首座深远海浮式风电平台"海油观澜号"在海南文昌海域正式投产;我国自研海底地震勘探采集装备"海脉"实现产业化制造……

——塑造新优势。在湖北武汉东湖高新区的"中国光谷",多家光电子信息产业领军企业拔节生长,一系列创新成果接连涌现……目前，区内光电子信息产业规模已突破 5000 亿元，光电子信息、新能源与智能网联汽车、生命健康、高端装备和北斗产业等五大优势产业正带动湖北制造业迈上新台阶。

纵观近年来全球经济增长的新引擎，无一不是由新技术带来的新产业，进而形成的新质生产力。

展望未来，正如习近平总书记在今年全国两会上指出，在激烈的国际竞争中，我们要开辟发展新领域新赛道、塑造发展新动能新优势，从根本上说，还是要依靠科技创新。

（新华社北京 2023 年 9 月 18 日电　新华社记者戴小河、胡喆、吴慧珺）

以改革创新释放发展动能
——加快形成新质生产力系列述评之二

◎ 加快形成新质生产力，既是发展命题，也是改革命题。必须坚持创新驱动发展战略，不断调整生产关系，推动体制机制变革，以改革创新为中国经济发展注入源源动力。

◎ 要以创新驱动为引领，形成并发展先进程度跃迁的新质生产力，以更高的发展效率和效能持续升级产业体系，从而在新一轮科技革命与产业变革中抢占先机，打造发展新优势。

解读新质生产力

习近平总书记近日在黑龙江考察期间和主持召开新时代推动东北全面振兴座谈会时，强调"加快形成新质生产力"，释放了以"增强发展新动能"助力高质量发展的鲜明信号。

加快形成新质生产力，既是发展命题，也是改革命题。必须坚持创新驱动发展战略，不断调整生产关系，推动体制机制变革，以改革创新为中国经济发展注入源源动力。

以改革促创新　释放发展动能

当前，世界百年未有之大变局加速演进，新一轮科技革命和产业变革深入发展，更需要通过改革点燃创新引擎，释放发展动能。

72.7万辆，同比增长1.1倍——在全球需求疲软的背景下，今年前8个月，新能源汽车的出口"成绩单"令人振奋。

快速发展的新能源汽车产业是一个缩影。

中国研发人员总量稳居世界首位，研发经费投入强度超过欧盟国家平均水平；全球创新指数排名升至第11位；北京、上海、粤港澳大湾区三大国际科技创新中心跻身全球科技创新集群前10位……近年来，我国深入实施创新驱动发展战略，强化创新赋能高质量发展。

赢得先机、赢得优势，必须持续增强创新这个第一动力。

习近平总书记强调，积极培育新能源、新材料、先进制造、电子信息等战略性新兴产业，积极培育未来产业，加快形成新质生产力，增强发展新动能。

"生产力发展变化，必然要求生产关系作出相应调整。新质生产力的提出，顺应了我国产业结构转型升级、持续推动高质量发展的大趋势。"清华大学中国发展规划研究院常务副院长董煜说，新质生产力既是我国经济发展的趋势性现象，也是生产力实现新跃迁的目标。

前8个月，高技术产业投资同比增长11.3%，明显快于全部投资增速；8月份，装备制造业增加值同比增长5.4%，继续快于全部规模以上工业，光伏电池、汽车用锂离子动力电池产量分别增长77.8%、31.5%；最新发布的2022年我国经济发展新动能指数为766.8，比上年增长28.4%……我国战略性新兴产业加快发展壮大，新动能引领作用明显增强。

中国生产力促进中心协会副理事长兼秘书长王羽说，要以创新驱动为引领，形成并发展先进程度跃迁的新质生产力，以更高的发展效率和效能持续升级产业体系，从而在新一轮科技革命与产业变革中抢占先机，打造发展新优势。

以改革优环境　深挖发展潜能

注册制下创业板新上市公司中近9成为高新技术企业，超5成为战略性新兴产业企业；新上市公司2022年研发投入合计超

解读新质生产力

图为 2023 年 10 月 11 日拍摄的蔚来第二先进制造基地内景。（新华社发 张端摄）

300 亿元，平均研发投入超 6000 万元，同比增长超 20%……

深市创业板改革并试点注册制三年来，创业板创新成长特色更鲜明，有效引导更多资本流入创新创业领域。

发展出题目，改革做文章。

"新质生产力有别于传统生产力，涉及领域新、技术含量高，要推动科技创新和制度创新两个轮子一起转，通过体制机制改革优化创新环境，推动新技术新业态新模式不断开花结果。"董煜说。

在中国农科院深圳农业基因组研究所，课题组组长可以自主招聘团队成员、自主确定薪酬、自主选择和调整科研任务技术路线；义乌首批"共享专利"在浙江知识产权交易中心挂牌，面向全省企业开放许可，新的转化运用模式助力破解高校院所成果"转化难"和中小企业技术"获取难"……系列探索,让科研人员轻装上阵,让科技成果更好转化。

组建中央科技委员会,重新组建科学技术部;中央提出的《深化科技体制改革实施方案》中部署的143项任务已经全面完成;中央全面深化改革委员会第二次会议审议通过《关于高等学校、科研院所薪酬制度改革试点的意见》……系列措施,把科技体制改革向纵深推进,不断激发创新潜能。

企业是科技创新的主体,是最活跃的创新力量。

《中共中央　国务院关于促进民营经济发展壮大的意见》发布,明确支持提升科技创新能力;国家发展改革委等部门出台促进民营经济发展的若干举措,支持民营企业参与重大科技攻关;国务院国资委推动中央企业加快发展战略性新兴产业……一系列举措同向发力,进一步激发企业创新活力。

"通过深化重点领域、关键环节改革,营造公平竞争、宽松宽容、充满活力的创新环境,可以让企业家心无旁骛谋创新、谋发展,让企业创新动力不断涌流,为加快形成新质生产力提供重要支撑。"国务院发展研究中心宏观经济研究部研究室主任杨光普说。

以改革畅循环　开拓发展空间

上海临港松江科技城内,南浔(松江)人才科创中心的两

解读 新质生产力

> **专家观点**
>
> 生产力发展变化，必然要求生产关系作出相应调整。新质生产力的提出，顺应了我国产业结构转型升级、持续推动高质量发展的大趋势。
>
> ——清华大学中国发展规划研究院常务副院长董煜

栋大厦引人注目。在这里，入驻企业既可以获得上海的人才和科研资源，也能享受南浔等地的产业支持政策。2020年启用以来，这里已成为浙江省湖州市南浔区融入长三角的前沿阵地。

近年来，长三角地区"产业飞地""科创飞地"等持续升级，促进人才、技术等要素流动，为长三角一体化发展注入活力。

"通过深化改革，打通阻碍经济循环的卡点堵点，有效提升资源配置效率，这是加快形成新质生产力的题中之义。"董煜说，要按照中央已经明确的统筹扩大内需和深化供给侧结构性改革的方向，加快打通供需匹配的堵点，通过加快体制机制改革，实现要素优化配置。

《长三角国际一流营商环境建设三年行动方案》发布，提出到2025年实现"资源要素有序自由流动""制度性交易成本明显降低"等目标；贵州印发数据要素市场化配置改革实施方案，尝试破解数据"确权难""供给难""交易难"等问题；北京发布贯彻落实加快建设全国统一大市场意见的实施方案，探索实施要素市场化配置综合改革……围绕体制机制改革，系列措施接续出台。

习近平经济思想研究中心副主任李玉举认为，在高质量发展阶段，数量型要素红利逐步让位于质量效益型要素红利，中国经济的生产可能性突破原有界限、不断外展。这个突破不是依靠传统要素的数量扩张，而是依托传统要素的效率提升和新要素的不断催生。

构建全国统一大市场，深化要素市场化改革，建设高标准市场体系。完善产权保护、市场准入、公平竞争、社会信用等市场经济基础制度……

通过持续深化改革，推动土地、资本、技术、数据等各类要素高效配置，将有效推动中国经济量的合理增长和质的有效提升，以畅通的经济大循环为发展释放持久动能。

9月13日，设计最高时速350公里的雅万高铁不久将正式商业运营的消息在印度尼西亚发布，备受各界关注。作为共建"一带一路"的标志性项目，雅万高

解读新质生产力

2023年12月6日，雅万高铁高速动车组停靠在印度尼西亚万隆的德卡鲁尔兰站站台（无人机照片）。（新华社记者徐钦摄）

铁是中国高铁首次全系统、全要素、全产业链在海外落地，也是中国同地区国家共商共建共享、携手迈向现代化的范例。

立足自身优势，以国内大循环吸引全球资源要素，在开放发展中把握战略主动，改革创新将为高质量发展提供持续动力。

（新华社北京2023年9月19日电 新华社记者陈炜伟、周圆）

积极构建现代化产业体系
——加快形成新质生产力系列述评之三

◎ 产业是经济之本，是生产力变革的具体表现形式。站在新起点上发展新质生产力，要紧紧围绕构建现代化产业体系，筑牢实体经济之基，强化创新驱动之本，激发经营主体之力，加快形成更多新质生产力，点燃高质量发展新引擎。

◎ 目前，我国已基本形成规模大、体系全、竞争力较强的产业体系，但仍然存在不少"断点"和"堵点"。当前，要紧紧抓住新一轮科技革命和产业变革重塑全球经济结构的机遇，补齐短板弱项，加长长板强项，加快建设现代化产业体系，创造新的竞争优势。

◎ 当前，新一轮科技革命和产业变革与我国加快转变经济发展方式形成历史性交汇，必须加快以科技创新引领产业变革、提升产业能级，持续赋能现代化产业体系建设。

习近平总书记近日在黑龙江主持召开新时代推动东北全面振兴座谈会时强调，积极培育新能源、新材料、先进制造、电子信息等战略性新兴产业，积极培育未来产业，加快形成新质生产力，增强发展新动能。

产业是经济之本，是生产力变革的具体表现形式。站在新起点上发展新质生产力，要紧紧围绕构建现代化产业体系，筑牢实体经济之基，强化创新驱动之本，激发经营主体之力，加快形成更多新质生产力，点燃高质量发展新引擎。

把握发展大趋势：生产力"焕新"加速现代化产业体系构建

中国空间站筑梦苍穹，国产大飞机翱翔蓝天，高铁飞驰神州大地，5G连通大江南北……

产业不断迭代，标记着经济发展的蝶变。

从党的二十大报告部署"建设现代化产业体系"，到二十届中央财经委员会第一次会议研究加快建设现代化产业体系问题，再到"新质生产力"的提出……新征程上，一场宏阔布局正在展开。

"新质生产力以新技术新应用为主要特征、以新产业新业态为主要支撑，新质生产力形成的过程，就是对产业体系进行系统性重塑的过程。"清华大学国情研究院副院长鄢一龙表示。

无论是"整合科技创新资源,引领发展战略性新兴产业和未来产业,加快形成新质生产力",还是"积极培育未来产业,加快形成新质生产力,增强发展新动能",都传递出现代化产业体系与新质生产力相辅相成、相互促进的鲜明信号。

近日,比亚迪、名爵、零跑、小鹏、阿维塔等众多中国品牌亮相德国慕尼黑车展,新款电动车开启欧洲首秀。截至今年7月,我国新能源汽车生产累计突破2000万辆。

从"电动化"到"智能化",中国新能源汽车发展跑出"加速度",逐步在世界汽车产业拥有真正的话语权。这背后正是生产力不断"焕新"引领产业体系腾飞的缩影。

随着大数据、云计算、人工智能、区块链等新技术加速进化,中国的先进制造、海洋产业、新能源汽车、数字经济等新产业活力涌动……

"新质生产力将推动产业体系向高质量、高效率、可持续方向发展,赋能产业转型升级,有力支撑现代化产业体系。"中国信息协会常务理事、国研新经济研究院创始院长朱克力表示,在新质生产力领域,我国已经具备了较好的基础和条件,包括

> **专家观点**
>
> 新质生产力将推动产业体系向高质量、高效率、可持续方向发展,赋能产业转型升级,有力支撑现代化产业体系。
> ——中国信息协会常务理事、国研新经济研究院创始院长朱克力

在人才、技术、资本,以及市场规模、产业体系、创新生态等方面。

从实力看——我国拥有联合国产业分类中全部工业门类,220多种工业产品产量居世界首位;2022年,我国在全球创新指数中的排名升至第11位,连续十年稳步提升。

从潜力看——我国拥有14亿多人口、超4亿中等收入群体。随着新型城镇化、乡村振兴、绿色低碳转型等加快推进,超大规模市场蕴含巨大潜力。

"新质生产力的提出,指明了我国经济高质量发展的重要着力点,意味着我们要更快摆脱对传统增长路径的依赖,依靠科技创新驱动产业变革,提高全要素生产率,有利于建设现代化产业体系,推动中国经济实现高质量发展。"北京大学光华管理学院院长刘俏说。

下好产业"先手棋":以产业升级构筑新的竞争力

9月14日,工业和信息化部的一则通知引发关注:面向未来制造、未来信息2个前沿领域,聚焦元宇宙、人形机器人、脑机接口、通用人工智能4个重点方向,组织开展2023年未来产业创新任务揭榜挂帅工作。

加快形成新质生产力,关键在于培育新产业。

"战略性新兴产业、未来产业,是构建现代化产业体系的关键,是生成和发展新质生产力的主阵地。"朱克力表示。

目前，我国已基本形成规模大、体系全、竞争力较强的产业体系，但仍然存在不少"断点"和"堵点"。当前，要紧紧抓住新一轮科技革命和产业变革重塑全球经济结构的机遇，补齐短板弱项，加长长板强项，加快建设现代化产业体系，创造新的竞争优势。

向"实"——坚定不移筑牢实体经济根基。上半年，高技术制造业和高技术服务业投资分别增长11.8%、13.9%；工业机器人新增装机总量全球占比超50%；超高清视频产业规模超过3万亿元；第一批国家级战略性新兴产业集群已达到66家……一项项数据，呈现出我国推动以实体经济为支撑的现代化产业体系建设的坚实步伐。

向"新"——新支柱新赛道破浪向前。四川面向集成电路、新型显示、人工智能等领域布局建设23个省级战略性新兴产业集群；北京瞄准生物医药、集成电路、新一代信息技术等高精尖产业，打造发展"新引擎"；西安重点支持增材制造、人工智能、大数据等产业迅速壮大……近段时间以来，各地新兴产业布局重点愈加明晰，动能释放愈加蓬勃。

向"未来"——瞄准更多前沿领域布局。"十四五"规划和2035年远景目标纲要提出，在类脑智能、量子信息、基因技术、未来网络、深海空天开发、氢能与储能等前沿科技和产业变革领域，组织实施未来产业孵化与加速计划，谋划布局一批未来产业。

解读新质生产力

产业向"新" 措施务实——多地划定2024年产业发展路线图

湖南·频道

崂山脚下，青岛市人工智能产业园今年初挂牌。"总投资145亿元的8个项目正在加速建设，未来这里将建成赋能青岛产业发展的AI创新高地和算力基础设施支撑高地。"青岛市崂山区副区长刘凌说。

合肥高新区，短短几百米长的云飞路上汇聚了几十家量子企业。合肥市在创新支持、成果转化、试点工程、场景建设方面多管齐下，加速量子科技成果从"落地生根"到"开花结果"。

不断涌现的新产业新业态，正在为新质生产力提供坚实有力的支撑。

牵好创新"牛鼻子"：持续赋能现代化产业体系建设

创新是引领发展的第一动力。新质生产力的形成和发展，离不开源源不断的技术创新和科学进步作为支撑。

当前，新一轮科技革命和产业变革与我国加快转变经济发展方式形成历史性交汇，必须加快以科技创新引领产业变革、提升产业能级，持续赋能现代化产业体系建设。

——在提高产业体系完整性上下功夫。听不到人声鼎沸、看不见火花四溅。走进中信泰富特钢集团的智能车间，"一键式"的自动化高炉炼铁、远程智能管控体系，颠覆了人们对传统钢铁厂的印象。"智能制造大潮澎湃，企业加快寻求数字技术赋能，传统产业向高端化、智能化、绿色化发展。"中信泰富特钢集团董事长钱刚说。目前，我国各地已建设数字化车间和智能工厂近8000个，智能制造新场景、新方案、新模式不断涌现。

——在提高产业体系先进性上下功夫。人工智能、云计算、大数据、区块链、量子信息等新兴技术跻身全球第一梯队，数字经济规模稳居世界第二……要牢牢把握新一轮科技革命和产业变革的演进方向，面向国家重大战略和未来产业发展需求，布局开拓新领域新赛道的引领性技术，夯实支撑未来产业发展的技术基础。

——在提高产业体系安全性上下功夫。C919大型客机投入商业运营；国产首艘大型邮轮顺利出坞；国产体外膜肺氧合治疗（ECMO）产品获批上市；"东数西算"工程8个国家算力枢纽节点建设全部开工……多项关键核心技术攻关再上新台阶，我国产业链供应链韧性得到进一步提升。

今天的创新科技，孕育着明天的"产业地标"。

> 解读
> 新质生产力

图为2023年5月28在上海虹桥机场停机坪拍摄的即将首航的C919飞机。（新华社记者丁汀摄）

百舸争流，奋楫者先。新时代新征程上，必须深刻认识创新在现代化建设全局中的核心地位，激发创新主体活力，培育新兴产业竞争力，抢占未来产业制高点，加快形成更多新质生产力，为高质量发展提供有效支撑和持久动力。

（新华社北京2023年9月20日电　新华社记者李延霞、刘慧、潘晔）

要在"新"和"质"上下功夫
——代表委员谈新质生产力

◎ "新质生产力"是今年两会上最热的话题之一。什么样的生产力算新质生产力,如何培育和发展新质生产力,代表委员们展开热烈讨论。大家认为,新质生产力要在"新"和"质"上下功夫,要因地制宜而不是千篇一律,要久久为功而不是一哄而上。

◎ 发展新质生产力要畅通科技、金融、产业的循环,发挥资本市场的风险共担、利益共享机制,引导更多社会资本流向科技创新领域,推进更多科技成果产业化。

解读 新质生产力

"新质生产力"是今年两会上最热的话题之一。什么样的生产力算新质生产力，如何培育和发展新质生产力，代表委员们展开热烈讨论。大家认为，新质生产力要在"新"和"质"上下功夫，要因地制宜而不是千篇一律，要久久为功而不是一哄而上。

新：科技创新驱动产业发展

今年的政府工作报告提出，大力推进现代化产业体系建设，加快发展新质生产力。从量子技术、生命科学，到人工智能、大数据，新技术、新赛道加速发展，助力新质生产力的发展。

全国政协委员、飞腾信息技术有限公司副总经理郭御风认为，新质生产力必须是科技创新驱动的生产力。企业要主动发挥创新主体作用，推动高质量发展、高效率产出。一方面要通过科技创新提升自身的能力，另一方面要积极推动产业落地，利用新质生产力赋能相应产业的发展。

位于上海的"专精特新"企业华模科技打破了国外企业对国产D级模拟机的垄断，推出用于民航飞行员训练的产品，服务中国商飞等企业。"华模科技是我们的子公司。企业应该用好新技术，利用数字化、智能化发展新的业务，提升传统业务经营和管理的效率。加强科研投入、加快研发转化，挖掘新的经济增长点。"全国政协委员、上海均瑶（集团）有限公司董事长王均金说。

质：优质转型擦亮发展成色

来自西部老工业基地的全国政协委员、甘肃省工业和信息化厅副厅长黄宝荣分享了一个有趣的故事："甘肃的大学生王兵，毕业后返乡创业，瞄准当地特色风味浆水酸菜，通过与兰州大学等多个科研院所进行产学研合作，历经14000多次试验，优化培养了复合益生菌，开发了浆水方便面、浆水米线等系列酸菜产品，很受大众喜爱。"

去年9月，全球首个工业级别2500立方米富氢碳循环氧气高炉点火投产，为钢铁行业绿色低碳转型提供"中国方案"。全国政协委员，中国宝武钢铁集团有限公司党委书记、董事长胡望明表示，宝武发挥新型低碳冶金现代产业链链长作用，推进节能降碳先进技术研发应用，为未来发展锻造新优势。

"我们在安徽蚌埠因地制宜地加快新材料的研发和应用。"全国人大代表，中国工程院院士、中国建材集团首席科学家彭寿说，"我建议要进一步强化材料应用的政策引导，加速新型绿色材料的国际检测、评估、认证，把我国在材料领域的先发优势转变为绿色引领优势。"

效：效率提升优化要素配置

全国人大代表、西北工业大学党委书记李言荣表示，要推进教育、科技、人才协调融合发展，推进产教融合，推动国家和地方高质量发展，扭转科技人员面对成果转化"不敢转、不想转、没钱转"的问题。

全国政协委员、申万宏源证券研究所首席经济学家杨成长说，发展新质生产力要畅通科技、金融、产业的循环，发挥资本市场的风险共担、利益共享机制，引导更多社会资本流向科技创新领域，推进更多科技成果产业化。他建议加快提升对新要素的估值定价能力，加快消除金融投资与实体投资在认知逻辑上的差异，在服务新质生产力上形成合力。

（新华社北京 2024 年 3 月 8 日电　新华社记者王辰阳、黄安琪、刘美子、水金辰、梁姊、李倩薇、李凡、秦婧、刘雅萱）

新质生产力激发新活力
——代表委员谈科技创新引领未来

◎ 今年的政府工作报告提出,大力推进现代化产业体系建设,加快发展新质生产力。充分发挥创新主导作用,以科技创新推动产业创新,加快推进新型工业化,提高全要素生产率,不断塑造发展新动能新优势,促进社会生产力实现新的跃升。

◎ 发展新质生产力,不仅要打造新兴产业赛道,还要改造提升传统产业。面向未来,受访代表委员认为,战略性新兴产业发展带动新质生产力快速形成,能有效释放经济发展新动能,但也面临挑战,还需构建与新质生产力相适应的新型生产关系。

解读新质生产力

今年的政府工作报告提出,大力推进现代化产业体系建设,加快发展新质生产力。充分发挥创新主导作用,以科技创新推动产业创新,加快推进新型工业化,提高全要素生产率,不断塑造发展新动能新优势,促进社会生产力实现新的跃升。

谈及科技创新,全国人大代表、中国科学院院士俞书宏形象地称它为"新质生产力的发动机"。他说,以他所在的新材料领域为例,一个原创性的新材料可能会创造或更新一条产业链,实现能级爆发。

近年来,俞书宏院士团队一直围绕仿生材料的设计合成及应用开展研究。他说,一方面科研人员要面向重大需求和经济主战场展开研究,另一方面主管部门需有效破解企业"等米下锅"、科研人员"不知米往哪儿放"的"两张皮"困境,打通原创技术的市场转化渠道。

根据2023年中国经济"年报",去年中国高技术制造业和高技术服务业投资分别增长9.9%、11.4%。初步测算,2023年全社会研究与试验发展(R&D)经费投入达33278.2亿元,R&D经费投入强度达2.64%,比上年提高0.08个百分点。

全国政协委员,中国工程院院士、之江实验室主任王坚说,云计算、人工智能等计算技术与传统产业结合,形成经济发展新的生产力形态。作为数字经济发展的驱动力,之江实验室将全力聚焦智能计算主攻方向,不断激发智能计算对产业变革的跨越式推动作用。

发展新质生产力，不仅要打造新兴产业赛道，还要改造提升传统产业。面向未来，受访代表委员认为，战略性新兴产业发展带动新质生产力快速形成，能有效释放经济发展新动能，但也面临挑战，还需构建与新质生产力相适应的新型生产关系。

全国政协委员、中国工程院院士马永生建议，建立国内产业政策高级别协调机制，如在以可再生能源为代表的能源转型领域等组建重点行业发展委员会，承担细分领域规划制定、跨领域政策协调等职能。同时，在重大共性关键技术、能源转型关键技术和碳中和技术等领域，探索通过设立产业投资基金等方式扩大对战略性新兴产业的支持覆盖面。

（新华社北京 2024 年 3 月 5 日电　新华社记者水金辰、梁姊、张璇、丁静、黄浩苑）

发展新质生产力，落子在"实"

——代表委员谈从实际出发因地制宜培育发展新质生产力

◎ 培育发展新质生产力，必须明确主攻方向、找准着力点。察实情、出实招、求实效，不少代表委员认为，加快形成新质生产力，推动高质量发展，唯有落子在"实"。

◎ 发展新质生产力不是要忽视、放弃传统产业。传统产业不等于落后产业、无效产业，在不少地方还是"特色产业"，对一地的经济基础、民生就业等往往起到"稳定器"的作用。要统筹推进科技创新和产业创新，加强科技成果转化应用，推动传统产业转型升级。

◎ 发展新质生产力，要深化科技体制、教育体制、人才体制等改革，打通束缚新质生产力发展的堵点卡点。对此，权衡代表认为，应在科技评价体系、人才评价体系、资源配置机制体制等方面有所突破，让各类先进优质生产要素向发展新质生产力顺畅流动。

培育发展新质生产力，必须明确主攻方向、找准着力点。察实情、出实招、求实效，不少代表委员认为，加快形成新质生产力，推动高质量发展，唯有落子在"实"。

从实际出发、因地制宜

"要坚持从实际出发，先立后破、因地制宜、分类指导"。

因地制宜，要深入研究、摸清情况，做到心中有数。

全国人大代表、科大讯飞董事长刘庆峰认为，新质生产力应根据每一个区域发展的特点不同来进行赋能。"东北地区的旅游，安徽的农产品、新能源汽车等，根据区域的不同，都可以找到它对现有产业进一步提质增效的发力空间和资源禀赋，可以用新技术来触发新产品、新服务的创新点。"

因地制宜，要在优化产业空间布局上做文章。发展新质生产力多瞄准"高精尖"行业，市场容量大、产业链条长，分工协作、错位发展既有空间又有必要。

全国人大代表、上海社会科学院党委书记权衡说，推动发展新质生产力，各地都在积极探索，但要发挥各自优势。以长三角为例，上海是龙头，江苏经济实力强，浙江民营经济活力足，安徽科技创新也有一定特色。"应着眼于科创共同体建设，筹划资源互补，创新布局区域合作网络，既整合各种创新资源、形成创新网络，又避免资源分散、产业链不完全或项目雷同、重复。"

因地制宜，还要善于创新性保护开发利用本地资源。福建省福安市范坑乡党委书记林万堂近期接受新华社记者采访时说："山还是那座山，地还是那块地，但是靠山吃山的方法要与时俱进。"

"海洋是形成新质生产力的重要领域，也是青岛最大的特色和优势。"全国人大代表、山东省青岛市市长赵豪志说。如今，青岛海洋经济占生产总值比重已超过三分之一。海工装备、海洋生物医药等产业在全国占有重要地位。"下一步，我们将瞄准船舶与海工装备、海洋生物医药和生物制造、深远海养殖等领域，形成更加高效的人才、技术、资本等要素配置体系，加快打造更具竞争力的海洋产业集群，为培育新质生产力注入更多蓝色动能。"

以实体经济为支撑

培育发展新质生产力，应以实体经济为支撑。

顺应产业结构转型升级大趋势，以实体经济为支撑的新质生产力已经在实践中形成并展示出对高质量发展的强劲推动力、支撑力。

"紧紧围绕实体经济，坚持自主创新，把高强度研发投入到实业中，谋事要实，做事要实。"在全国人大代表、阳光电

上 篇　理论阐释篇

源股份有限公司董事长曹仁贤看来，发展新质生产力，做大做强实体经济，离不开脚踏实地、专注创新，做好加减法，才能在发展的"变"与"不变"中把握好时机、抢占住先机。

阳光电源成立以来，一直聚焦于新能源领域，围绕"光伏、风电、储能、电动汽车和氢能"五大赛道进行产业布局。阳光电源在2003年研制出中国第一台具有完全自主知识产权的光伏逆变器，打破了SMA、施耐德、西门子等外国企业的垄断。公司始终保持对创新的高强度投入，目前研发人员占比已超过30%。

实体经济，插上"数字"之翼方能展翅翱翔。

"数字化是以智能化为目标的工业化赋能和转型。"制造

2024年1月10日，在理想汽车江苏常州基地车间，机械手臂进行焊接作业。2023年常州市GDP达到10116.4亿元，按不变价格计算，同比增长6.8%。中国GDP"万亿城市"再添新成员（新华社记者季春鹏摄）

- 53 -

> 解读
> 新质生产力

业是实体经济的根基,深耕高端装备制造产业数十载,全国政协委员、合肥合锻智能制造股份有限公司董事长严建文对中国制造业高质量发展有清晰认识,"转型升级过程中要注重包括数字化部件、数字化设计软件和操作系统等在内的'数字化底座'的打造"。据悉,合锻智能正积极参与聚变堆的关键部件的相关制造,投入了专门团队对聚变堆真空室构件进行预研,并已承接核聚变真空室构件的研制工作。

发展新质生产力不是要忽视、放弃传统产业。传统产业不等于落后产业、无效产业,在不少地方还是"特色产业",对一地的经济基础、民生就业等往往起到"稳定器"的作用。要统筹推进科技创新和产业创新,加强科技成果转化应用,推动传统产业转型升级。

全国人大代表、中国石化安庆石化公司党委书记刘晓华表示,因为十分清楚传统产业的支柱力量以及创新方向,所以能够保持定力。"对传统产业而言,要积极促进高端化、智能化、绿色化转型。"为了推动石化产业创新变革,世界首套300万吨/年重油催化裂解装置去年在安庆石化投产。该装置能在不增加原油加工量的情况下,最大化减产汽柴油、增产低碳烯烃,为国内炼油企业应对产能过剩、探索燃料型炼厂向化工型炼厂转型升级,探索出一条新的发展路径。

严建文表示,新质生产力是创造性和个性化的可持续发展,要认识到"传统"和"传承"的辩证关系,用新工艺、新技术、新机制赋能新发展。"不是简单的产业取舍,而是让现有产业不断更新迭代,变得更优、更好、更绿色、更国际化。"

真抓实干务出实效

"要继续巩固和增强经济回升向好态势,提振全社会发展信心,党员干部首先要坚定信心、真抓实干。"

发展新质生产力,方向是产业升级,战略性新兴产业、未来产业是主阵地。企业是科技创新活动的主要组织者和参与者,全国人大代表、安徽省省长王清宪说,"要真正让企业成为技术创新决策、研发投入、科研组织和成果转化的主体"。据悉,安徽省正重点聚焦打破制约企业科技创新的顽瘴痼疾出台举措,深入推进科研项目立项、实施、评价等方面改革,驱动创新要素向企业集聚。

"畅通科技成果转化链条,是实现科技自立自强的应有之义,也是发展新质生产力、推动高质量发展的必由之路。"全国政协委员、广州市政协副主席王桂林表示,我国的科技成果转化生态土壤非常良好,然而由于科技成果转化主体不明确、企业参与科技成果转化全过程不充分,导致科技成果转化效果不理想。"关键是建立以企业为主体、需求为牵引,产学研相结合的科技成果转化体系,推动科技成果加快形成新质生产力。"

发展新质生产力,要深化科技体制、教育体制、人才体制等改革，打通束缚新质生产力发展的堵点卡点。对此，权衡代表认为，应在科技评价体系、人才评价体系、资源配置机制体制等方面有所突破，让各类先进优质生产要素向发展新质生产力顺畅流动。

人才是最宝贵的资源。全国政协常委、东南大学副校长金石表示，要加快新质生产力相关产业人才培养，特别是交叉学科复合型人才的培养。他建议，高校、科研院所、头部企业紧密合作，工学交替，共同培养面向未来的复合型人才。

发展新质生产力，要防止一哄而上、泡沫化。"不能'拍脑袋'，不能'想当然'，不能让培育发展新质生产力被官僚主义、形式主义影响。"赵豪志说，"只有尊重生产力发展规律，尊重科技研发规律，引导企业合理有序培育发展新质生产力的新动能，才能真正实现高质量发展，推进中国式现代化。"

（原载《新华每日电讯》2024年3月9日第9版　记者刘加佳、邱犇、王若辰、薛园）

向新向智向未来　加快培育新质生产力

◎ 人工智能被看作形成新质生产力的重要引擎。当前，生成式人工智能蓬勃发展、加速迭代，已在研发设计、生产制造等领域崭露头角，成为新型工业化的重要推动力。

◎ 新一轮科技革命和产业变革蓄势待发，一些重大颠覆性技术创新正在创造新产业新业态。整合科技创新资源，竞逐未来产业新赛道，加快形成新质生产力刻不容缓。

◎ 新质生产力的源头在科技创新，落脚点在产业升级，关键因素在人才支撑。加快形成新质生产力，不仅需要"高精尖缺"科技人才，而且要有一大批高素质技术技能人才、大国工匠、能工巧匠等。

解读新质生产力

利用新兴数智技术对传统产业进行全方位、全角度、全链条的改造；突出科技创新，打造现代化在线职业技能培训体系新范式；鼓励国产智算软硬协同，支持大模型创新与应用；加快推进量子科技、脑机接口等未来产业发展……多名代表委员立足行业现状及趋势，热议加快发展新质生产力。他们认为，加快培育新质生产力，是推动我国经济高质量发展的重要抓手。

推进经济新动能成长壮大

"新一轮科技革命和产业变革正在重塑世界，推动生产可能性曲线实现新的拓展和跃迁。"全国人大代表、盐津铺子董事长张学武接受中国证券报记者采访时表示。

——以人工智能为代表的尖端技术，正在变革、重组生产要素。

全国政协委员、知乎CEO周源告诉记者，人工智能技术为技能培训行业带来更多的创新机会，促进技能培训行业更加丰富的应用场景落地。通过人工智能技术的运用，职业技能培训行业可以实现更加个性、灵活、高效的教学模式，为学生提供更精准的学习体验。

人工智能被看作形成新质生产力的重要引擎。当前，生成式人工智能蓬勃发展、加速迭代，已在研发设计、生产制造等领域崭露头角，成为新型工业化的重要推动力。

——以智能制造、数字工厂、绿色工厂为代表的生产新模式，正在重塑传统产业的面貌。

"过去几年，我们全力贡献产业数字化领域的技术和资源优势，提供包括全栈创新的产品和解决方案、丰富的经验和案例、全球化的服务能力，携手产业和行业伙伴加快推进数智化创新应用的规模化商用，在工业现场网、工业制造、矿山、钢铁、港口等多个领域形成一系列标杆案例。"全国人大代表、中兴通讯高级副总裁苗伟对记者表示。

绿色发展是高质量发展的底色，新质生产力本身就是绿色生产力。工信部等七部门近日发布的《关于加快推动制造业绿色化发展的指导意见》提出，加快传统产业绿色低碳转型升级，推动新兴产业绿色低碳高起点发展，培育制造业绿色融合新业态。

——以新能源、新材料、高端装备为代表的战略性新兴产业，正在锻造更强的产业竞争力。

全国政协委员、中国核电董事长卢铁忠表示："我们正在围绕工业发展以及人类生命健康需求，探索核能的多用途利用，不断释放作为新质生产力的潜力和社会价值。秦山核电站机组利用冬季剩余热能，已经实现给居民供暖，代替了原来碳排放比较高的煤电供暖，这就是一种新质生产力的应用体现。此外，中核集团和清华大学共同研发的高温气冷堆的高温蒸汽，能够满足绿色制氢要求。"

我国经济新动能不断壮大。据国家统计局初步核算，2023年，我国新能源汽车产量944.3万辆，同比增长30.3%；太阳能电池（光伏电池）产量5.4亿千瓦，同比增长54.0%；服务机器人产量783.3万套，同比增长23.3%；3D打印设备产量278.9万台，同比增长36.2%。

前瞻布局未来重点产业

新一轮科技革命和产业变革蓄势待发，一些重大颠覆性技术创新正在创造新产业新业态。整合科技创新资源，竞逐未来产业新赛道，加快形成新质生产力刻不容缓。

"作为未来产业，量子科技距离技术成熟仍有很大一段距离，可一旦成功部署，产生的影响将是颠覆性的。我国作为后发国家，国家实验室体系建设处于起步阶段，新型研发机构的建设路径仍在探索，企业的研发实力有待提升。"全国政协委员、武汉市政协主席杨智表示，量子科技被普遍认为将引领下一次产业革命，是新一代信息技术的战略制高点。

杨智认为，我国应尽快打牢基础研发力量，布局新兴研发力量，强化企业研发力量，形成"产学研用资"协同的研发体系。比如，加快量子科技产品国产化和技术换代，支持下游应用单位逐步使用国产化量子科技产品。

脑机接口更是时下产业界和学术界重点关注的热门前沿技术赛道。全国人大代表、高德红外董事长黄立表示："脑机接口技术从学术探索正快速走向应用转化。脑机接口技术可实现大脑与外部设备的交互，在医疗健康、教育、娱乐等领域具有广阔的应用前景。"

> **专家观点**
>
> 新质生产力的源头在科技创新，落脚点在产业升级，关键因素在人才支撑。加快形成新质生产力，不仅需要"高精尖缺"科技人才，而且要有一大批高素质技术技能人才、大国工匠、能工巧匠等。
>
> ——全国政协委员、知乎CEO周源

为加速我国推进植入式脑机接口技术创新发展，加快形成新质生产力，增强发展新动能，黄立建议：一是完善植入式脑机接口法律法规体系，建立相关技术标准。二是鼓励脑机接口产品临床试验、上市体制机制创新，加速推进脑机接口产业化进程。三是建设国家级脑科学技术创新中心，创办综合性医工结合平台。

值得关注的是，工信部等七部门近日发布的《关于推动未来产业创新发展的实施意见》提出，重点推进未来制造、未来信息、未来材料、未来能源、未来空间和未来健康六大方向产业发展。到2027年，未来产业综合实力显著提升，部分领域实现全球引领。

解读新质生产力

图为2023年12月28日拍摄的国产万吨级电动集装箱船"中远海运绿水01"。（新华社发　任飞摄）

激发创新主体更大活力

"新质生产力的源头在科技创新，落脚点在产业升级，关键因素在人才支撑。加快形成新质生产力，不仅需要'高精尖缺'科技人才，而且要有一大批高素质技术技能人才、大国工匠、能工巧匠等。"周源说。

多名代表委员认为，要多策并举调动企业作为创新主体的积极性。"生命科技产业有望成为我国实现科技创新和生产力跨越发展、提升国家竞争力的重要机遇。我们将深入推进'二次创业'，持续研发创新，加大对生命科技关键底层技术、关键赛道的投入，深入打造精品工程，努力向世界一流企业迈进，在 1 到 3 个细分领域做到全球前三。"全国人大代表、圣湘生物董事长戴立忠说。

贡献"最强大脑"，广大中小科技企业当仁不让。张学武表示，在产业主体中，中小企业占比 90% 以上，在推动经济增长、促进就业、创新发展等方面发挥了不可替代的作用。张学武认为，国家应在政策、资金、人才等方面多向中小企业倾斜，激励中小企业培育新质生产力，高质量稳健发展。具体包括：设立中小企业技术创新计划；设立中小企业技术转让资金，促进成果转化；在财政资金科技计划中引入充分竞争机制；加大中小企业技术创新风险投资。

多名代表委员认为，要积极发挥资本市场支持科技创新的效能。全国政协委员、贝达药业董事长丁列明表示，生物医药行业具有"研发周期长、投入金额大、研发成果不确定"的特性，在发展过程中，持续大量的研发资金投入是推动项目研发和技术创新的必要条件。"登陆资本市场进行融资有效解决了医药创新企业生存和发展的资金问题，对企业的长远发展具有重要意义。"

"相信随着新质生产力的加快形成和发展，随着国家对科技创新的日益重视和政策支持力度的逐渐加大，企业会不断实现新的发展，取得新的成绩。"丁列明说。

（原载《中国证券报》2024 年 3 月 4 日 A03 版　记者吴科任、杨洁、段芳媛）

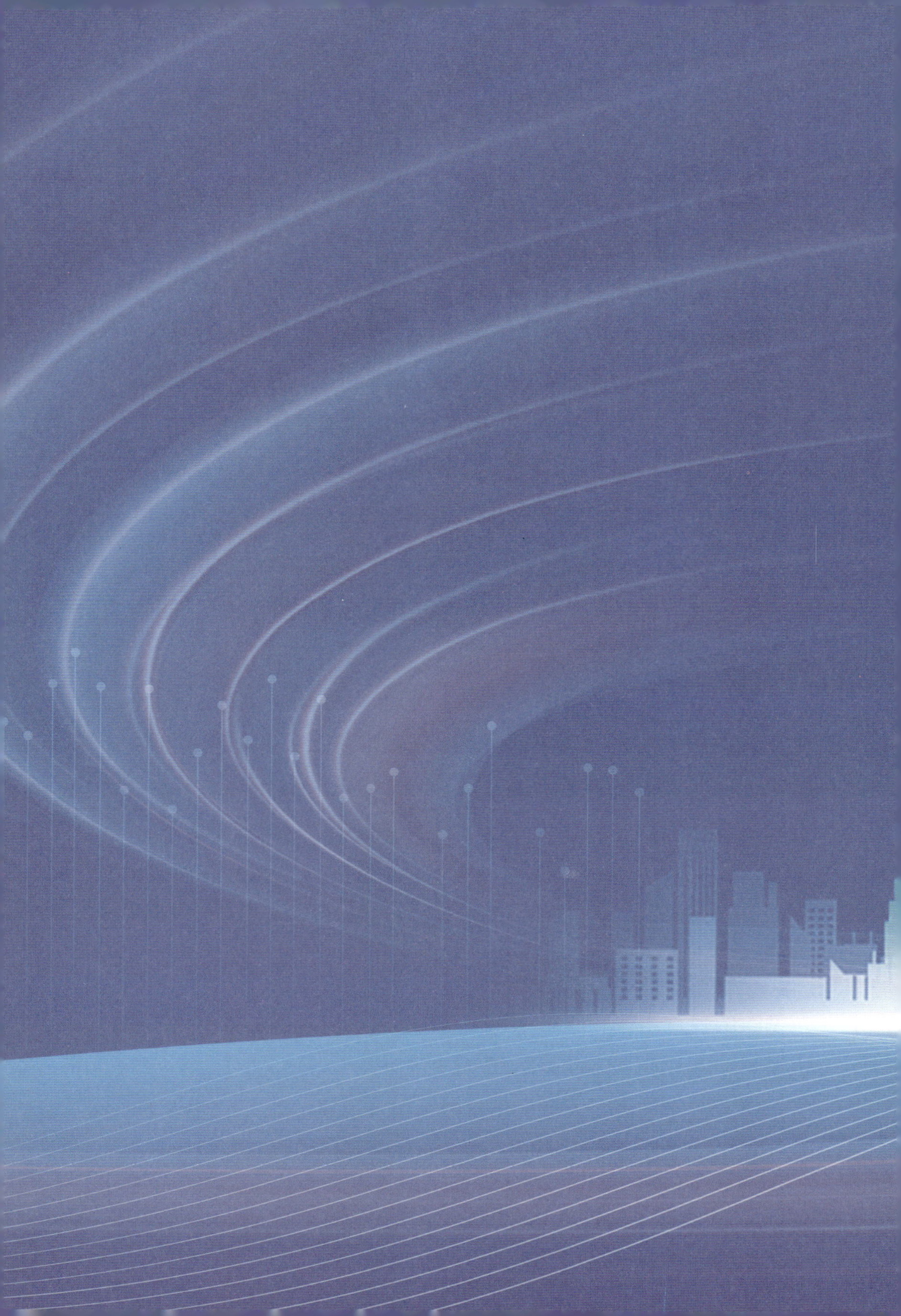

下篇

生动实践篇

为高质量发展注入强劲推动力支撑力
——从全国两会看发展新质生产力

◎ 这个春天，围绕发展新质生产力，各部门各地方各行业都积极行动起来，谋新策、出实招、善作为。前景光明，使命催征。

◎ 今年是新中国成立75周年，是实现"十四五"规划目标任务的关键一年。关键之年要有关键之为。以"新"主导，以"质"为胜，在以习近平同志为核心的党中央坚强领导下，中国大地汇聚起发展新质生产力的时代洪流。

习近平总书记5日参加十四届全国人大二次会议江苏代表团审议时强调，要牢牢把握高质量发展这个首要任务，因地制宜发展新质生产力。

从去年在地方考察时首次提出，到中央政治局集体学习时系统阐述，习近平总书记这一次对发展新质生产力进一步作出重要论述和重大部署。

海内外高度关注，代表委员深入讨论，全国两会传递出以新质生产力更好推动高质量发展的强烈信号。

明确发展新质生产力主攻方向

今天的中国，正向"新"而行、向"新"而进。

看大江南北，电动汽车、锂电池、光伏产品"新三样"去年出口突破万亿元，比上年增长29.9%。

观浩瀚宇宙，中国航天2024年预计发射约百次，多个卫星星座加速组网，探索星辰的脚步正化作产业发展的动能。

新质生产力，是推动高质量发展的内在要求和重要着力点。

这个春天，围绕发展新质生产力，各部门各地方各行业都积极行动起来，谋新策、出实招、善作为。

实践，需要理论的指导、思想的指引。

习近平总书记参加江苏代表团审议时，站在牢牢把握高质量发展这个首要任务的高度，立足新一轮科技革命和产业变革

图为 2019 年 7 月 24 日在广东省东莞市大朗镇拍摄的中国散裂中子源。（新华社记者刘大伟摄）

的时代背景，明确了发展新质生产力的主攻方向。

加大创新力度——

位于广东东莞的中国散裂中子源，犹如超级显微镜，能"看清"物质微观结构。

"掌握更多关键核心技术，为新质生产力持续注入活水。"中国科学院高能物理研究所研究员孙志嘉委员定下目标，进一步推动原创性、颠覆性创新成果产出。

目前，我国航空发动机、燃气轮机、第四代核电机组等高端装备研制取得长足进展，人工智能、量子技术等前沿领域创新成果不断涌现。

培育壮大新兴产业——

2023年6月4日，中国航发"太行110"重型燃气轮机（代号AGT-110）在深圳通过产品验证鉴定。（新华社发　周科摄）

广西柳州，上汽通用五菱工厂，8位院士领军广西新能源汽车实验室。

上汽通用五菱汽车股份有限公司副总经理姚佐平代表充满信心表示，通过创新驱动，力争到2025年实现第二次存量倍增。

超前布局建设未来产业——

一座座工厂里，人形机器人执行搬运、装配等任务，科幻开始走进现实。

在中国科学院自动化研究所研究员乔红委员看来，人工智能与人形机器人深度融合，将有针对性地改造提升传统产业。

完善现代化产业体系——

5G"进工厂""入海港""下矿井",建设数十个区域级和产业集群级工业互联网平台……中国移动浙江公司持续推进企业"智改数转"。

中国移动浙江公司董事长杨剑宇代表干劲十足:"今年将进一步支持制造业从'5G+'向'AI+''联创+'延伸拓展,更好助力浙江打造全球先进制造业基地。"

方向明确,脚步就更加扎实。

不少代表委员表示,将坚持从实际出发,根据本地的资源禀赋、产业基础、科研条件等,积极推动传统产业高端化、智能化、绿色化转型。

把握发展新质生产力的实践要求

空气也能"造"糖!借助最新生物技术,约17个小时,可将二氧化碳精准合成为不同类型的糖。

"相比传统制糖方式,实现了从'年'到'小时'的跨越。"中国科学院天津工业生物技术研究所研究员马延和代表率领团队"十年磨一剑",不断拓宽生物技术新赛道。

生物制造,把车间"装"进小小细胞;生物医药,将健康带给千家万户……生物经济迈上新台阶,为中国高质量发展的进行曲增添又一个重音。

中国全球创新指数排名已从2011年第29位上升至2023

年第 12 位。代表委员们表示，创新曲线上扬彰显了发展新质生产力的底气。

让这样的底气更足，要把握好发展新质生产力的实践要求。

习近平总书记在参加江苏代表团审议时强调："发展新质生产力不是忽视、放弃传统产业，要防止一哄而上、泡沫化，也不要搞一种模式。"

产业核心竞争力一级级提升，新型工业化的蓝图也日益清晰——

全省经济总量突破 13 万亿元，研发经费支出占比 3.39%，高新技术企业达 7.5 万家……广东 2023 年成绩单，成为"中国制造"跃升的缩影。

广东高科技产业商会会长王理宗委员去年走访了上百家高新技术企业，实地感受创新脉动："增强研发投入和技术创新，是培育新质生产力的'前哨'。"

关键核心技术一项项攻克，强化了产业链供应链的韧性——

"整体良率达到新高度！"中国电科最新批次碳化硅 MOSFET 器件测试结果出炉。这条 6 英寸第三代半导体工艺线，将为新能源汽车提供更多优质芯片。

"中国'芯'蓄势待发。"中国电科产业基础研究院副院长郭宏伟代表说，我们将持续优化产业链关键环节布局，护航新兴产业和数字经济发展。

创新体系布局一步步优化，为产业升级注入源头活水——

解读 新质生产力

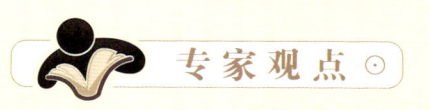

> **专家观点**
>
> 紧跟新质生产力发展方向，在重点方向、关键领域持续优化学科专业结构，打造高层次科研平台、构建高水平科创团队。
>
> ——天津大学副校长明东

建设全国首个智能医学工程专业，组建医科拔尖创新人才培养平台……天津大学加速布局脑机接口、应急医学等新赛道。

"紧跟新质生产力发展方向，在重点方向、关键领域持续优化学科专业结构，打造高层次科研平台、构建高水平科创团队。"天津大学副校长明东委员说。

绿色发展是高质量发展的底色，新质生产力本身就是绿色生产力。

甘肃，戈壁滩上风机林立，光伏板鳞次栉比，绿色电力跑出"加速度"。

兰石集团能源装备研究院副院长范飞代表说，要以构建绿色低碳科技成果转移转化体系为抓手，提升绿色技术市场化产业化水平，推动更多绿色技术成果向现实生产力转化。

打通束缚新质生产力发展堵点卡点

安徽淮北，年产量60万吨的乙醇生产装置开创了一条煤炭

下 篇　生动实践篇

2023年12月28日，在淮北矿业集团碳鑫科技有限公司，工作人员在调试60万吨/年乙醇生产装置设备。（新华社记者金立旺摄）

清洁高效利用的新路线。

"我们要进一步破解科研和产业'两张皮'问题。"该装置技术带头人、中国科学院大连化学物理研究所研究员刘中民委员呼吁，探索更加高效的科技成果转化方式。

问题是时代的考验。

习近平总书记在参加江苏代表团审议时强调，深化科技体制、教育体制、人才体制等改革，打通束缚新质生产力发展的堵点卡点。

——要扭住创新"牛鼻子"，让科技成果加速转化落地。

奇安信集团董事长齐向东委员说，科技创新投入大、周期长、

- 73 -

风险高，支持民营企业敢创新、多创新，有助于加速推动新质生产力形成。

——要下好改革"先手棋"，不断破除制约发展的藩篱。

江苏，完善科研任务"揭榜挂帅""赛马"制度，推进"科技—产业—金融"良性循环……"今年将加强改革系统性部署、集成性支持，不断厚植一流创新生态体系，让创新源泉充分涌流。"江苏省科技厅厅长徐光辉代表说。

吉林省长春市市长王子联代表表示，要打通科技创新推动产业创新、培育新质生产力的有效路径，突出需求导向，加快构建现代化产业体系。

——要打造人才"强引擎"，促进创新创造活力充分迸发。

"教育的产出是人才，人才的产出是科技创新成果。"在中国科学院科技战略咨询研究院院长潘教峰代表看来，教育、科技和人才三者紧密关联，"将科技创新路径与经济社会发展总体路径、产业发展路径、教育发展路径统筹协调，推动'愿景图'早日成为'实景图'。"

"发展新质生产力，不仅需要'高精尖'科技人才，还需要一大批大国工匠。"知乎创始人兼首席执行官周源委员带来以高质量技能人才供给推动新质生产力发展的提案。

前景光明，使命催征。

今年是新中国成立75周年，是实现"十四五"规划目标任务的关键一年。关键之年要有关键之为。以"新"主导，以"质"

为胜，在以习近平同志为核心的党中央坚强领导下，中国大地汇聚起发展新质生产力的时代洪流。

（新华社北京 2024 年 3 月 6 日电　新华社记者董瑞丰、温竞华、张泉、宋晨、陈刚、段续、马晓成、黄庆刚、周颖、梁姊、魏一骏）

布局未来　中国向"新"发力

◎ 中国正处在新质生产力发展和现代化经济体系构建的关键阶段,要大力发展战略性新兴产业,孕育出发展新动能。

◎ 以科技创新为依托,不断提升科技成果转化率,高效培育新产业集群,加快形成新质生产力,将为中国经济高质量发展构建新竞争力和持久动力。

"大力推进现代化产业体系建设,加快发展新质生产力。"5日提请十四届全国人大二次会议审议的政府工作报告,将加快发展新质生产力列为2024年中国政府工作十大任务之首。新质生产力,正成为中国布局未来、创造未来、赢得未来的发力点。

改造提升传统产业

首个地热U型井建成落地、油田首台风机并网运行、首个绿电制氢项目获批……在中国东北,走过60多年光辉岁月的大庆油田积极探索油气与新能源融合发展的绿色转型新模式,因地制宜发展新质生产力。

"发展新质生产力是推动油田高质量发展的重要着力点。"全国人大代表、大庆油田有限责任公司总经理张赫说,大庆油田"风光气储氢"一体化模式已初具规模,迈出了从传统油气向综合性现代能源公司转型升级的关键一步。

发展新质生产力不是忽视、放弃传统产业。中国各地正广泛应用数智技术、绿色技术,加快传统产业转型升级:山东围绕冶金、化工、轻工等重点产业,"一业一策"改造升级;广西加快钢铁、有色金属等行业向精深加工延伸;江西力争将制造业重点产业链现代化水平全面提升……

"新质生产力正引领中国制造业向高端化、智能化、绿色化方向发展。"全国人大代表、天津荣程祥泰投资控股集团有

解读新质生产力

2023年5月23日，工作人员在中国联通贵安数据中心对微模块机房运行状态进行巡检。（新华社记者陶亮摄）

限公司董事会主席张荣华说，企业应聚焦数智化转型、绿色低碳高质协同发展，以新质生产力助力现代化产业体系建设。

"发展新质生产力、推动高质量发展不是选择题而是必答题。"全国人大代表、马鞍山市委书记袁方说，发展新质生产力有利于传统工业城市、资源型城市加快新旧动能转换、产业转型升级。

培育壮大新兴产业

"从前研发一种药品往往要花费10年，但通过使用算力、利用智能算法辅助，少则一两年就能将药品推进至临床试验阶段。"谈及强大算力引发的行业发展变革，天津贝芸科技有限公司 CEO 周晓菲十分感慨。

致力于人工智能药物设计全流程研发的贝芸科技，目前正与天津市人工智能计算中心加深合作，计划在今年上半年利用自有的一站式人工智能 AI 新药早期发现平台，面向基础科研、新药原创、中药现代化研究等领域提供科学计算服务。

新质生产力的特点是创新，关键在质优，本质是先进生产力。中国锚定生物医药、新能源、新材料、航空航天等新兴产业，大力发展新质生产力，助力产业结构优化升级。

安徽加快建设量子信息、聚变能源、深空探测三大科创高地；长沙全力建设全球研发中心城市；北京聚力建设国际科技创新中心……各地立足自身技术实力和产业基础，向"新"发力。

"形成新质生产力需要融合各项先进技术，希望加快推动智能制造重大专项项目立项实施，形成自主可控、先进适用的通用智能制造系统解决方案基座，有效支撑制造业数智化转型。"全国人大代表、美的集团副总裁钟铮说。

全国人大代表、上海社会科学院党委书记权衡说，中国正处在新质生产力发展和现代化经济体系构建的关键阶段，要大力发展战略性新兴产业，孕育出发展新动能。

布局建设未来产业

春节后，优必选工业版人形机器人 Walker S 在新能源汽

解读新质生产力

2023年10月21日，市民在新华社媒体融合生产技术与系统国家重点实验室的航天科普项目中沉浸式体验航天元宇宙。（新华社记者杜宇摄）

车企业蔚来的工厂开展"实训"，实现人形机器人在汽车工厂流水线与人类协作完成汽车装配及质量检查作业。该机器人外观比例更接近人类，搭载了41个高性能伺服关节以及全方位的感知系统，自主运动及决策能力大幅提高。

走进北京工业大学的一间激光实验室，各种先进光电设备映入眼帘。科研人员身穿防护服、头戴护目镜，正排列纤细如发丝的光纤，进行熔接操作。就在这间实验室，他们成功实现了高峰值功率、高能量密度的近红外／中红外超短脉冲激光输出。

"激光技术覆盖了通讯、制造、医疗等众多领域。中红外光纤激光、高功率超快激光等新一代激光技术，对于新兴产业、未来产业具有重要应用价值，也将成为发展新质生产力的关键技术之一。"全国政协委员、北京工业大学教授王璞说。

> **专家观点**
>
> 以科技创新为依托，不断提升科技成果转化率，高效培育新产业集群，加快形成新质生产力，将为中国经济高质量发展构建新竞争力和持久动力。
>
> ——全国政协委员、中国工程院院士、北京理工大学校长龙腾

科技创新能够催生新产业、新模式、新动能，是发展新质生产力的核心要素。元宇宙、脑机接口、量子信息、人形机器人等未来产业的发展，离不开科技创新的推动。

全球新能源汽车一半以上行驶在中国；全球规模最大的5G网络在中国；全球光伏发电装机容量近一半在中国……中国具备工业体系完整、产业规模庞大、应用场景丰富等综合优势，为未来产业发展提供了丰厚的土壤。

"以科技创新为依托，不断提升科技成果转化率，高效培育新产业集群，加快形成新质生产力，将为中国经济高质量发展构建新竞争力和持久动力。"全国政协委员、中国工程院院士、北京理工大学校长龙腾说。

（新华社北京2024年3月7日电　新华社记者谈昇玄、李妍、赵旭、刘惟真、刘赫垚、周颖、龚雯、郭晨）

发展新质生产力，地方如何选赛道？

◎ 地方产业判断力的第一要义是准确判断赛道潜力。究竟围绕什么赛道筹谋布局战略性新兴产业和未来产业，其中涵盖着地方对国际发展竞争趋势、国家发展战略、产业本身发展规律的研判。

◎ 强化产业判断力，还离不开地方对自身在自然资源、传统产业、创新资源等方面比较优势的研判。

◎ 地方评估赛道潜力与自身比较优势引入、撬动产业后，还需通过补齐补强产业链、培育产业人才生力军等方式深耕细作"盘活"壮大产业。

发展新质生产力要求地方强化产业判断力,"稳、准、狠"下好先手棋。

当前,新一轮科技革命呈多点爆发,新一代信息技术、人工智能、生物技术、新能源、新材料、高端装备、绿色环保等覆盖的产业范围越来越多,战略性新兴产业衍生出的产业链条越来越长,附加值越来越高。全国多地抢抓战略机遇期,落子布局战略性新兴产业和未来产业。

比如,苏州工业园区2006年开始重点规划、引导和培育生物医药、纳米技术应用、人工智能三大新兴产业,正加快建成具有全球竞争力的先进产业高地;合肥形成集成电路、新型显示、新能源汽车等"芯屏汽合"新兴产业集群,跻身国家创

图为2023年7月3日拍摄的苏州工业园区(无人机照片)。苏州工业园区常年领跑全国,专注实体经济,筑链强链延链,正成为全球工业地标。(新华社记者李博摄)

新型城市前十名；西安实施新兴产业发展三年行动，加快人工智能、增材制造、光子等新兴产业倍增发展。

从包括这些城市在内的全国多地实践来看，地方选定、培育战略性新兴产业和未来产业，事关对所选赛道的判断力、对地方自身比较优势的把握。同时，地方需要保持战略定力，通过发展构筑产业集群及人才"蓄水池"等方式，不断深耕细作"盘活"壮大产业。

练就赛道判断力

地方产业判断力的第一要义是准确判断赛道潜力。究竟围绕什么赛道筹谋布局战略性新兴产业和未来产业，其中涵盖着地方对国际发展竞争趋势、国家发展战略、产业本身发展规律的研判。

——对国际发展竞争趋势的把握。当前，能源低碳化、清洁化、智能化利用已成为大势所趋及国际产业竞争要素，中国也形成了新能源汽车、动力电池、光伏等优势领域。一些地方瞄准机遇，谋划产业赛道。

2023年，四川宜宾动力电池产值首次突破千亿元。宜宾2016年开始谋划动力电池产业，2019年引入行业龙头宁德时代，其在宜宾投资建设全资子公司四川时代。宜宾相关负责人告诉《瞭望》新闻周刊记者："现代化产业发展的客观规律之一是全球配置资源、参与全球市场竞争。宜宾从全球竞争的视野出发考虑产业布局、进行产业识别。宜宾大力发展的动力电池、光伏等，都是中国当前极具竞争力的产业领域。"

随着数字经济的发展以及 AI 大模型的带动，传统通用算力越来越无法满足飞速增长的算力需求，提升算力能级愈发迫切。能够提供比传统计算机更强算力支持的量子计算，成为各国前沿科研和战略布局的重点。基于对国际布局和量子科技发展潜力的研判，2009 年前后，安徽合肥在国际上对量子科技产业化仅有一些苗头，国内更是还处于技术跟踪研究状态的情况下站出来，坚定支持推进量子产业化。

——对国家发展战略的贯彻。宜宾相关负责人表示，宜宾围绕动力电池、光伏等绿色低碳产业的布局，和国家"双碳"战略的提出息息相关。"我们将'双碳'目标视作发展的新机遇，看准了国家战略对相关产业的带动力。"同时，宜宾作为长江经济带城市，要贯彻落实"共抓大保护、不搞大开发"的沿江城市发展方针，坚持绿色低碳发展。因此，宜宾努力调整产业结构，从原来的白酒加煤炭"一白一黑"传统产业为主，转变为围绕绿色低碳先行，不断拓展新能源、数字经济等产业新赛道。

——对产业本身规律的预判。2019 年 6 月 5 日，以山东烟台海阳港为发射母港，我国首次在海上实施运载火箭发射技术试验取得成功。随后，位于烟台海阳的东方航天港重大工程建设拉开序幕，工程总投资达 230 亿元，目标是培育国内首个集海上发射、星箭产研、卫星应用、配套集成、航天文旅为一体的百亿级商业航天高科技产业集群。截至目前，东方航天港已成功组织保障海上发射任务9次。

烟台海阳建设东方航天港、发展商业航天产业，瞄准的是我国火箭发射需求日益旺盛，国内陆上发射基地的发射窗口显得更加稀缺，海上发射则提供了新的渠道。业内专家表示，发展运载火箭海上发射能力，能够选择更低纬度的发射阵位，利用地球自转力节约火箭燃料、提高运载能力，有效降低星箭整体成本。同时，海上发射阵位周围人口密度极低，可有效解决火箭发射对地面人员财产的安全威胁。

找准比较优势

强化产业判断力，还离不开地方对自身在自然资源、传统产业、创新资源等方面比较优势的研判。

——借力自然资源优势。宜宾水电资源丰富，发展动力电池、光伏产业可使产业链、产品整体更加低碳，从而使得产品出口更具优势。宜宾位于攀西-六盘水资源富集区，境内拥有丰沛"绿电"资源。宜宾有关负责人表示，宜宾以水电清洁能源为主的能源结构，能够更好地助推产业在碳排放、产品碳足迹核算上形成对外出口的绿色竞争力。

就海阳发展商业航天产业，山东烟台海阳市委书记刘海彬对《瞭望》新闻周刊说，海阳港的地理位置相对封闭独立，符合安全可控要求，成为海阳打造海上发射基地的重要优势。

——传统优势产业蓄能。刘海彬说，海阳市、烟台市及周边，布局有中国国际海运集装箱（集团）股份有限公司等知名企业的海工装备生产力量，满足海上发射平台建设需求。

——已有高新产业"存量"引路。基于对新能源汽车产业重大发展机遇的把握，安徽接连下先手棋，投资"世界上发展最快的电动汽车企业之一"蔚来汽车，吸引蔚来中国总部落子合肥，建设比亚迪合肥基地等。实际上，在安徽新能源汽车产业如火如荼发展之前，安徽就拥有国轩高科、中创新航、巨一科技、伯特利等掌握电池、电机、电控等核心技术的众多规上零部件企业，为建立起含整车、发动机、车身、底盘、内外饰、动力电池、电机电控的全产业链体系奠定良好基础。

——科技创新优势"变现"为产业。科技创新能够催生新产业、新模式、新动能，是发展新质生产力的核心要素。安徽发展量子信息等未来产业，具有强劲的科技创新策源能力。过去一年，安徽在量子信息领域"从0到1"的原始创新不断突破：光纤量子密钥分发突破千公里，"九章三号"量子计算原型机突破255个光子操纵，我国第三代自主超导量子计算机"本源悟空"上线运行。

基于强劲的量子信息科创实力，安徽正在形成以算力为核心的量子产业高地。目前，安徽集聚量子科技产业链企业60余家、数量居全国首位，全国首条量子芯片生产线建成运行，全国首个量子信息未来产业科技园挂牌运营，量子专利授权量全国领先，以国盾量子、国仪量子、本源量子、问天量子、中电信量子集团等为龙头的量子高新技术企业不断涌现。

深耕细作壮大产业

地方评估赛道潜力与自身比较优势引入、撬动产业后，还需通过补齐补强产业链、培育产业人才生力军等方式深耕细作"盘活"壮大产业。

——补齐补强产业链，构筑产业集群。据了解，宜宾确立按照"1+N"空间布局产业，改变"市强县弱"状况，变"一城一池单打独斗"为市县一体"攥指成拳整体推动"，持续促进县域综合实力和整体竞争力提升。

在动力电池方面，宜宾以三江新区为核心，带动动力电池产业链在江安、南溪、屏山等多个县区布局，构建起"1+N"动力电池产业生态圈，实现从基础锂盐到正负极材料、结构件、铜（铝）箔等6大电池组件以及导电浆料、生产装备、回收利用等产业链全覆盖，初步建成全球一流动力电池产业集群。"具体而言，就是从入口把关、产业布局和要素保障三个方面进行市县统筹，在项目招引上，由市上专班统一来评估项目可行性，再根据区县的资源禀赋等进行产业布局。这不仅能统筹市上和区县的合力来招引大项目，还能让区县错位竞争发展，避免恶性竞争。"宜宾市相关负责人表示。

——升级发展模式，促成产业平移。"围绕新能源汽车产业链和发展模式，我们还规划培育全空天无人体系，包括智能网联生态、eVTOL（电动垂直起降飞行器）等，未来的'汽车'或许在路上是汽车、在水里是船、在空中是飞机。"合肥市发展改革委副主任程羽告诉本刊记者，合肥在产业创新逻辑、发展模式上已形成了自己的特色，让产业可以相互实现平移，如为新能源汽车等战略性新兴产业找到许多承接点，依据产业发展的宏观环境，让已有的产业链、场景、政策可以有效转移到新产业上来。

图为 2023 年 8 月 22 日拍摄的宜宾"三江之眼"项目。（新华社记者江宏景摄）

——提升产业基础设施水平。据了解，整体提升量子信息应用基础设施水平，被列入安徽数字基础设施建设的主要任务之一。安徽将加快布局量子信息基础设施，其中量子通信网的节点数将从2022年的180个提升至2025年的350个。

——构筑产业人才"蓄水池"。发展新质生产力要求畅通教育、科技、人才的良性循环。就宜宾而言，2016年以前，宜宾只有1所本科院校和1所高职院校、在校大学生2.5万人，高端科技型人才和应用型人才存量不足，对产业发展支撑乏力，每万人拥有大学生45.8人，处于全省落后水平。新兴产业入驻后，企业对科技人才的需求越来越迫切，科技人才匮乏成为产业转型发展的最大瓶颈。

为破解宜宾科教发展短板，着眼未来长远发展，宜宾加快建设大学城和科技创新城。截至目前，在宜宾办学高校从2所增至12所，在校大学生从2.5万人增至10万人，12所产业技术研究院和2个院士工作站互为支撑，融合发展。与此同时，宜宾高新技术企业数量从2016年48家增至300余家，科技创新能力从全省第六升至全省第三，科技对经济增长贡献率达60%以上；常住人口增至461.8万人，连续6年实现人口净流入，扭转了至2016年人口连续10年净流出的趋势。

不仅如此，宜宾还建立市领导联系服务高校机制，创新设立全国唯一的市委人才和大学城工作局，把高等教育作为财政支出重点领域予以优先保障，每年安排6亿元院校发展资金，支持在宜高校加强学科专业、科研平台、师资队伍及创新团队等内涵建设，以校城共生为牵引，打造高教资源"新高地"，以产教融合为路径，构筑产业人才"蓄水池"。

——保持产业发展战略定力。受访专家表示，个别产业新赛道受外部环境、政策调整、竞争加剧、价格波动等影响，可能在发展过程中短期内出现阶段性困难。这就需要地方从长远预判、把握赛道发展的潜力空间，在此基础上保持赛道发展战略定力，积极应对行业波动，从技术储备等方面不断增强产业内生动力，以自身的确定性克服市场的不确定性，不断向产业链创新链价值链高端攀升。

（原载《瞭望》新闻周刊2024年第11期　原题《解码地方产业判断力》　记者魏雨虹、胡旭、萧海川、马姝瑞、吴慧珺）

塑造竞争新优势　抢占未来制高点
——北京加快形成新质生产力一线观察

◎ 面对国际国内环境发生的深刻复杂变化，北京紧抓数字经济发展、布局未来产业集群、推动产业链融合开放，积极抢占新一轮科技革命形成的产业高地，夯实发展新质生产力的重要基础，产业生态正向全球价值链中高端跃升。

◎ 谋定后动、谋定快动，竞逐未来产业，北京挂图作战：力争到2030年，形成一批颠覆性技术和重大原创成果，培育一批行业领军企业、独角兽企业，培养引进一批战略科学家、产业领军人才、产业经理人和卓越工程师；到2035年，集聚一批具有国际影响力和话语权的创新主体，成为全球未来产业发展的引领者。

点火、升空、着陆……11月初，随着双曲线二号火箭在酒泉卫星发射中心圆满完成飞行试验任务，北京星际荣耀空间科技股份有限公司完成了今年第二次火箭发射任务。而这家民营公司成立仅仅7年时间。

北京的高精尖产业也如同火箭一般加速腾飞。前三季度，北京300余家国家级专精特新"小巨人"工业企业产值增长16.2%，发展活力不断增强。半导体器件专用设备制造、新能源整车制造、发电机及发电机组制造、显示器件等新兴细分行业增加值增速均在10%以上，新兴行业增势良好。

面对国际国内环境发生的深刻复杂变化，北京紧抓数字经济发展、布局未来产业集群、推动产业链融合开放，积极抢占新一轮科技革命形成的产业高地，夯实发展新质生产力的重要基础，产业生态正向全球价值链中高端跃升。

做强数字经济　　高质量发展新中有"数"

44.3%！这是今年前三季度，北京数字经济实现增加值占地区生产总值的比重，数字经济已经成为这座城市高质量发展的新基座和新引擎。

信息技术广泛应用，正加速提升传统产业的工作效率和水平。当前，北京市深山区道路、桥梁修复工作正在全力推进，作为"幕后力量"的北京市道路桥梁应急保障系统揭开面纱。

解读 新质生产力

"运用'智慧运维一张图',我们用6天时间就打通81条、总长度1130.9公里的道路。"北京建工养护集团市场营销部副部长张松告诉记者,智慧平台实现了对道路的实时监控和感知,大幅提升抢险指挥和运维水平,在紧急时刻发挥出关键作用。

技术优势强劲的北京,积极探索数字经济改革发展模式,深度介入智慧城市、数据要素等领域,孕育催生数字化产业新集群。

北京微芯研究院获批牵头建设国家区块链技术创新中心;建设"中关村人工智能大模型产业集聚区";发布总量612TB

2023年12月27日,观众在北京大运河博物馆参观"京华通惠 运河永济"北京与大运河历史文化陈列。(新华社记者陈钟昊摄)

的大模型高质量数据集；百度"文心一言"、智谱华章"智谱清言"等15个大模型产品通过备案并正式上线……北京数字经济产业加速在前沿领域不断探索，应用场景日趋丰富。

中央财经大学中国互联网经济研究院副院长欧阳日辉认为，数字经济已经成为我国经济最强劲的增长极之一。作为全国科技创新中心，北京拥有雄厚的人力资源、完善的数字基础设施和丰富的市场应用场景，可以进一步促进数字技术与实体经济深度融合，推动传统产业转型升级，协同推动技术创新和商业模式创新，拓展经济高质量发展的新空间。

筑牢数字经济的新底座，有赖于超前布局数字基础设施。北京市经信局数据显示，北京已形成1.2万P的总算力供给规模，相当于数百万台高性能电脑算力。来自北京的云服务商在津冀、晋蒙区域部署的智能算力已达4082P左右。

"下一步，北京将加速算力基础设施建设，推动通用大模型与国际对标，加速建设国家数据基础制度综合改革试验田，发挥好数字经济在经济社会高质量发展中的'压舱石'和'发动机'作用。"北京市经济和信息化局局长姜广智说。

布局未来产业　前沿技术"加速腾飞"

未来产业通常由原创科技引领，具有前沿交叉、颠覆性等特点。近年来，"从0到1"的原始创新，再"从1到N"的产业落地，北京创新主体活力竞相迸发，研发热情充分涌流，产业生态正一步步"超前"迈进。

在北京经济技术开发区的宏达北路，一辆"头戴"雷达的自动驾驶汽车，载着乘客缓缓驶过，这正是北京高级别自动驾驶示范区开启的全无人出行服务。

"自动驾驶将在未来数年迎来爆发，而北京提前进行长远布局和支持，必将占得先机。"小马智行副总裁张宁说。

从2020年起，北京设立高级别自动驾驶示范区，鼓励政策先行先试。3年多来，示范区已从1.0"小步"快走，迭代到3.0阶段建设，未来将逐步"扩围"至全市500平方公里的示范区。

在自动驾驶领域的超前布局正是北京加快发展未来产业的一个缩影。围绕新一代信息技术，北京经开区、海淀等区域将在通用人工智能、6G、元宇宙、量子信息、光电子等领域加速布局；聚焦医药健康，海淀、石景山、通州等区发力基因技术、细胞治疗与再生医学、脑科学与脑机接口等领域……

近日，北京市印发《北京市促进未来产业创新发展实施方案》，锚定未来信息、未来健康、未来制造、未来能源、未来材料、未来空间六个领域，布局通用人工智能、6G、智慧出行、量子信息等20个未来产业，打造世界领先的未来产业策源高地。

从事骨科人工智能技术研发与手术机器人应用的北京长木谷公司，研发的技术已在1000多家医院实现应用。在企业智慧工厂中，生产线上手术机器人在紧锣密鼓地生产调试，数字化手术室里研发团队正在对骨关节手术进行场景模拟演示。

5年前，这家公司还是只有3个人的初创团队。"现在团队规模已经达到160多人，公司的产品通过首次国家创新医疗器械特别审查程序后，属地部门出谋划策打通成果转化项目的渠道，解决了成果对接难、落地难的后顾之忧，让我们对未来信心十足。"长木谷公司董事长张逸凌说。

谋定后动、谋定快动，竞逐未来产业，北京挂图作战：力争到2030年，形成一批颠覆性技术和重大原创成果，培育一批行业领军企业、独角兽企业，培养引进一批战略科学家、产业领军人才、产业经理人和卓越工程师；到2035年，集聚一批具有国际影响力和话语权的创新主体，成为全球未来产业发展的引领者。

加快开放合作　产业链条创新协同

位于北京市顺义区的北汽越野车制造基地内，制造车间一派繁忙景象，员工们在生产线上紧张调试设备，随着传送带滚动，一辆辆新车依次下线。目前，多家汽车产业链企业落户顺义，在自动驾驶、智能芯片、传感器、雷达、信息安全等领域加速布局。

北京市发改委主任杨秀玲介绍，推动创新链产业链资金链人才链深度融合，北京接力出台多项政策，加快科技、教育、产业、金融形成链式结构，通过不断加大改革攻坚和扩大开放的深度广度，促进科技

> **域外声音**
>
> 我们在北京看到了面向未来的新的发展动力，这里数字经济等产业发展迅猛，希望寻找更多合作伙伴，在中国扎根发展。
>
> ——德国企业埃帕德咨询公司业务发展及政府事务总监毛润智

创新转化为现实生产力，形成适应经济发展需要、有机互动、协同高效的现代化创新体系和产业体系。

在工业和信息化部刚刚发布的《2023年度中小企业特色产业集群名单》上，北京就有6个产业集群上榜。

2020年，北京成为全国唯一的国家服务业扩大开放综合示范区。3年来，兼顾内外资、准入与准营、企业投资和人才智力引进，为推进重点产业在更大范围、更宽领域、更深层次的开放作出了良好示范。日前，国务院批复同意《支持北京深化国家服务业扩大开放综合示范区建设工作方案》（示范区2.0方案），让产业的开放合作之路继续迭代升级。

以产业开放合作推动经济高质量发展，吸引更多的高端要素资源在京聚集，北京积极推动内外产业深度融合，用引进来和走出去共同塑造中国产业参与国际合作和竞争新优势。

在2023年中国国际服务贸易交易会上，8家来自北京

中德产业园的德国企业在国家会议中心的核心展区集体亮相。德国企业埃帕德咨询公司业务发展及政府事务总监毛润智说："我们在北京看到了面向未来的新的发展动力，这里数字经济等产业发展迅猛，希望寻找更多合作伙伴，在中国扎根发展。"

北京市市长殷勇说，紧扣高水平科技自立自强使命，聚焦服务国家战略需求和本市高精尖产业发展方向，系统布局科技创新重点领域，北京将进一步营造更加优良创新生态，提升协同创新能力、成果转化效率，夯实国际科技创新中心建设基础，塑造首都高质量发展新优势。

（新华社北京 2023 年 12 月 2 日电　新华社记者涂铭、郭宇靖、吉宁、阳娜）

亦庄追"新"

——北京国家级经开区的新质生产力探索样本

◎ 作为高精尖产业的主阵地，亦庄不仅把为企业服务作为发展的"生命线"，更不断创新迭代政策，加快生产要素的创新性配置，畅通资金、人才等良性循环，为发展新质生产力营造良好环境。

◎ 聪明的车、智慧的路、实时的云、可靠的网、精确的图……亦庄自动驾驶这张"科技名片"背后，是算力资源对上述交通行业深度转型的有力支撑。

天安门东南 20 公里，北京经济技术开发区，因为地处亦庄镇而被人们亲切称为"亦庄"。

在亦庄，科技创新有多重维度。

有政策速度——数十项政策赋能，北京自动驾驶车辆 3 年时间跑出路测里程 2000 万公里，不断拓向全市，政策措施被多地竞相"取经"。

有服务温度——人才比眼睛还要宝贵，政府每年设立 10 亿元专项基金广罗英才，还将人才评价权下放企业，让市场亟需、企业认可的产业精英更有获得感。

有转型力度——瞄准产业发展和商业竞争前沿精准发力，率先布局建设北京最大公共智能算力中心，为千行百业数智化转型搭建基础底座。

持续发展革命性技术，突破"卡脖子"难题；创新优化生产要素配置，占领行业发展高地；促进产业深度转型，催生新质生产力。亦庄向新、产业向实、生活向美。

科技研发"一天一个样"

刚过去的 2 月，亦庄每一天都过得很充实。

2 月 3 日 7 时 37 分，长二丙火箭在西昌卫星发射中心点火起飞，一箭十一星，将吉利星座 02 组卫星送入预定轨道，刷新长二丙火箭一箭多星发射纪录。

几小时后，11 时 06 分，捷龙三号运载火箭在广东阳江附近海域点火升空，一箭九星，首次承揽外星搭载发射，这是国内商业火箭首次接揽"外国乘客"。

半日内，"亦庄箭"两箭升空、海陆齐发、振奋人心。

捷报传回正在亦庄召开的北京商业航天产业高质量发展大会，现场响起热烈的掌声。

掌声未落，大会宣布：亦庄将建设国内首个"火箭大街"共性科研生产基地，总建筑面积 14 万平方米，4 月开建，明年投用！

北京作为中国航天事业发源地，正加速在亦庄打造规模化民营商业航天创新产业集群。

谷神星一号火箭、朱雀二号遥三运载火箭、双曲线一号火箭……2023 年末以来，"北京制造"的商业航天运载火箭接连升空、屡获成功。

可重复使用运载火箭是世界航天产业发展和国际商业航天竞争的前沿方向，亦庄助研发、奖人才、贴租金，一揽子扶持计划逐日见效，落地民营火箭整箭研制企业数量占全国 70% 以上，更多"亦庄箭"，箭在弦上。

仰望星空，更要脚踏实地。

2 月 23 日，正月十四，北京大兴国际机场，进出京旅客发现，往来机场和亦庄接送机的，竟然是自动驾驶汽车。

这是世界首个首都城市机场自动驾驶接驳载人示范场景。

图为2022年4月25日,在北京经济技术开发区,一名男子在体验"主驾无人、副驾驶配备安全员"的自动驾驶车。(新华社记者彭子洋摄)

记者首批乘坐,连叹犹如"老司机"开车——车辆自动汇入主路、有效研判复杂路况、安全变道超车,驶得又快又稳。

从亦庄"驶"出去的,还有跨省自动驾驶货运重卡。

连日来,在京津塘高速上,一辆"满配"自动驾驶设备的货车,以最高90公里每小时的速度前行。这个国内率先启动的跨省高速自动驾驶货运示范应用,承载着我国交通物流业创新发展的不懈探索。

创新不是一蹴而就,点滴浇灌,终将开花。

时间回溯到2020年9月,北京市在亦庄设立高级别自动驾驶示范区,政策先行先试,渴望"小步快走"。3年多时间,

> 解读
> **新质生产力**

鼓励政策、测试场景持续迭代，安全员从驾驶位、副驾驶位，移到后排乘客位，最终实现"全无人"。

深耕重大装备、新能源汽车两大领域，国家级专精特新"小巨人"企业——北京国科天迅科技股份有限公司持续强化自主研发。收入3亿元，研发投入却达到3.2亿元，指着大厅里的"专利墙"，企业董事长房亮说："这就是我们发展的底气！"

数据显示，2023年，入驻亦庄的国家级高新技术企业突破2100家，国家专精特新"小巨人"企业达到108家。北京加速打造新质生产力，亦庄是主阵地。

助企服务"一问一个准"

作为亦庄产业发展"大管家"，张强最近有点忙。

"工人返岗情况如何？企业排产有什么困难？"开年以来，北京经开区工委书记张强每周至少调研3家企业，已累计走访调研服务80多家企业，摸实情、解企忧，促发展、在路上。

这种工作节奏，是亦庄服务企业的共识和常态。"政府在调度经济中，要第一时间感知企业感受。面对当前有效需求不足、社会预期偏弱等挑战，更要以服务企业为中心，让企业有即时的获得感，释放创新活力。"张强说。

作为高精尖产业的主阵地，亦庄不仅把为企业服务作为发展的"生命线"，更不断创新迭代政策，加快生产要素的创新性配置，畅通资金、人才等良性循环，为发展新质生产力营造良好环境。

春节刚过，在电子设备制造企业北方华创，总裁陶海虹为了全员能力提升，正筹备一场"一流企业管理机制与文化"的培训课。

"培训课的经费支持，来自亦庄人才评定放权、支持企业人才培养的系列政策，对公司创新发展形成了很大助力。"陶海虹说。

2023 年 9 月，找准新质生产力的重要突破口，亦庄深化高质量人才的体制改革，发布"人才十条"2.0 政策，在全市率先创新性支持企业自主认定人才，并按照重点企业目录，最高给予 500 万元的综合资助，支持企业自主开展人才引进、培养、激励等工作。

"我们特别设置了'预认定'的创新机制，只要人才符合备案条件，经过行业主管部门推荐，即可先行享受住房支持等各方面待遇，后补人才认定程序，解决了以往认定时间错配问题，让优秀人才一落地亦庄，就有家的感觉。"北京经开区工委组织人事部常务副部长李冰说。

人才改革的先行先试，是亦庄对生产要素创新性配置，加快形成新质生产力的生动写照。近年来，亦庄设立每年 10 亿元的人才专项资金和 100 亿元的政府投资引导基金，建立"产业升级基金""科创基金""人才基金"等多元化金融服务体系，在股权投资、专项担保、房租补贴、贷款贴息等方面提供多元化服务。

"蓝箭航天逐梦星辰大海，离不开亦庄的护航。"公司相关负责人说。位于亦庄火箭制造企业蓝箭航天空间科技股份有限公司，自主研制的火箭在 2022 年底时首飞试验失利，面对攻坚克难的关键期，亦庄产业专班获悉情况后，立即协调各部门研究，最终由区属产业升级股权投资基金用 1.5 亿元的投资为企业注入"强心针"，并有力提振其他投资者的信心，上海等地的投资机构纷纷跟进。

仅 1 年时间，蓝箭航天朱雀二号遥三液氧甲烷运载火箭就完成了"一箭三星"的发射任务，作为全球首款入轨飞行的液氧甲烷火箭，代表"中国航天"在新型低成本液体推进剂应用方面的成就载入国际史册。

"有问题，找专班。"已经成为亦庄企业的共识。

"我们有任何需求，专班都会第一时间响应，并且定期邀请企业参加产业政策沟通会以及行业会议，让企业'沉浸式'投入科技研发。"北京永泰生物制品有限公司常务副总经理张键说，如今公司核心产品已经成为我国首款获准进入实体瘤治疗确证性 II 期临床试验的免疫细胞治疗产品。

产业升级"一抓一个实"

聪明的车、智慧的路、实时的云、可靠的网、精确的图……

亦庄自动驾驶这张"科技名片"背后，是算力资源对上述交通行业深度转型的有力支撑。

"随着人工智能高速发展，算力一定是博弈最激烈的资源，必须要超前布局，加快改革。"北京经开区管委会主任孔磊介绍，北京经开区在以台湖区域为核心的32平方公里范围内开展数据基础制度先行先试，率先形成2000P规模的公共智能算力中心，为自动驾驶、智慧交通、健康医疗、智能制造等高精尖企业，提供灵活便捷、弹性安全的可信算力供给，加快推进数实融合。

同样加速转型的还有机器人产业。作为亦庄四大主导产业之一，机器人与智能制造目前已经形成了超过1000亿元年产值。其中，机器人生态企业已经聚集110家，三分之一为专精特新企业，收入占比约为全市50%。

近年来，随着人工智能、高端制造、新材料等技术加快演进，人形机器人最有望成为继计算机、智能手机、新能源汽车后的"新风口"。北京亦庄嗅得先机，提前布局。

2023年11月，国内首家省级人形机器人创新中心在亦庄落成。"目前小米、优必选机器人重大项目已经相继落地。"创新中心总经理熊友军介绍，瞄准国际前沿技术，中心将开展一体化关节、灵巧手、操作臂、大模型等重点任务研发，加速创新突破和产品迭代。

企业活力竞相迸发，产业的新动能迅速集聚。数据显示，2023年北京经开区工业产值总量全市第一，战略性新兴产业占比达到 44%，高于全市 10 个百分点，核心区万人发明专利数 850 件，是全市平均水平 3 倍多。

"发展新质生产力是推动高质量发展的着力点，一定要早规划、谋长远，耐住性子持续发力。"张强说，北京经开区将发挥政府引导和市场创新作用，持续加速产业升级、优化创新生态、扩大改革开放，以更加奋发有为的姿态，努力实现高水平科技自立自强，推动高质量发展迈上新台阶。

（新华社北京 2024 年 3 月 1 日电　新华社记者涂铭、郭宇靖、张骁）

品"质"焕新，发展见"力"
——上海推进高质量发展追踪

◎ 从布局数字经济、绿色低碳、元宇宙、智能终端四大新赛道，到谋划未来健康、未来智能、未来能源、未来空间、未来材料等五大未来产业，上海培育新质生产力的前瞻性和定力一以贯之、厚积薄发。

◎ 促进数字经济和实体经济深度融合，打造具有国际竞争力的数字产业集群，上海正在成为数字化生产力的弄潮儿。

解读新质生产力

上海，浦江两岸春意盎然。新赛道、新模式、新动能，科技创新点燃新质生产力"爆点"。高科技、高效能、高质量，形成"从0到1""从1到100"推进高质量发展的"接力棒"。

向"质"而行，新变革锻造新"质态"

从布局数字经济、绿色低碳、元宇宙、智能终端四大新赛道，到谋划未来健康、未来智能、未来能源、未来空间、未来材料等五大未来产业，上海培育新质生产力的前瞻性和定力一以贯之、厚积薄发。

——新技术酝酿新"变革"。

1月30日，上海人工智能实验室科学家团队正式发布大模型开源开放评测体系"司南"，可以为大语言模型、多模态模型等提供一站式评测服务。

2月22日，国际学术期刊《自然》杂志发表相关研究成果，存储容量达普通光盘上万倍、普通硬盘上百倍的"超级光盘"在中国科学院上海光学精密机械研究所诞生，这是我国在信息存储领域关键核心技术的重大突破。

围绕光子、生命、能源、海洋、人工智能等领域布局重大科技基础设施集群，上海已建、在建和规划建设的设施多达20个；瞄准智能制造技术和工艺，上海实现"卡脖子"关键装备、核心部件与工业软件突破40余项……2023年，上海工业战略

2024年2月22日，中国科学院上海光学精密机械研究所研究员阮昊展示"超级光盘"。（新华社记者张建松摄）

性新兴产业总产值占规模以上工业总产值比重达到43.9%，全社会研发经费支出占全市生产总值的比例达到4.4%左右，每万人口高价值发明专利拥有量达到50.2件。

——新工厂铸就新"质造"。

灯塔工厂、智能工厂、零碳工厂……在上海，一系列"新"工厂不断为智能制造增添发展新动能。

走进正泰电气（松江）智能工厂，一台台大小不一、电压等级不同的变压器，经研发改造从"喝"矿物油变为"喝"植物油，实现可再生、可降解、可防火。

据正泰电气股份有限公司总裁助理叶斌介绍，公司产品远销 140 多个国家和地区。预计今年销售额可同比增长 20%，其中国际业务占比约 30%。

——新"链主"打造"共赢链"。

2022 年起，上海陆续公布两批共 25 家"工赋链主"培育企业，目标是到 2025 年达到 40 家，带动和赋能上下游企业 1500 家至 2000 家。

作为首批被纳入的培育企业，致景科技的"飞梭智纺"平台已接入全国 9000 多家纺织企业、70 多万台织机，实现产能与需求精准匹配，将行业织机开机率提升至 70%。

点"数"成金，新要素澎湃新势能

龙年春节假期，四川四姑娘山附近的民宿大隐与迹·四姑娘几乎天天满房，其中有一半客人来自成渝以外地区。民宿创始人唐壆说，民宿 2023 年开业，主要是在小红书平台开设账号，定期更新。2023 年入住率达到 90% 左右，目前正在计划增加投资。

"种草经济"正成为新质生产力的蓬勃增长点。总部位于上海的平台小红书，截至 2024 年初月活跃用户已超过 3 亿。用户通过图文、视频、直播等形式记录、分享生活方式，孕育出独特的"种草生态"，帮助商家实现更高效的经济转化，激

图为2021年11月25日，上海数据交易所成立仪式暨2021上海全球数商大会现场。（新华社记者方喆摄）

发消费潜力。

促进数字经济和实体经济深度融合，打造具有国际竞争力的数字产业集群，上海正在成为数字化生产力的弄潮儿。

在跨境出海服务商飞书深诺总部办公室，一块块大屏实时跳动着来自海外的市场"信号"。"借助大数据分析，企业可以知道哪一款产品谁关注、谁点击、谁有付费意愿、谁下单了，这个反馈闭环最快'T+1'就能完成，从而指导企业更精准完成生产销售。"飞书深诺集团风控副总裁陈国阳说。

"坚信数字的力量，产业数字化和数字产业化是数字经济发展的核心方向。上海正加快建设'五个中心'，助力中国制造连接海外消费者，实现国货出海。"上海市工商联副主席施登定说。

　　成立上海数据集团、上海数据交易所、上海市数据局……近年来，上海建设数据要素基础制度，优化生态体系发展。截至目前，上海数据核心企业超 1200 家，核心产业规模超 3800 亿元，上海数交所累计挂牌数据产品超过 2100 个，2023 年全年数据交易额超 11 亿元。

扬帆出海，桥头堡链接新动力

　　在电影《流浪地球 2》中出镜的智慧卡车，来自上海的西

2023 年 9 月 26 日，一辆西井科技的无人驾驶重卡 Q-Truck（前）在位于上海的无人驾驶商用车联合实验室场地上进行动态测试。（新华社记者方喆摄）

井科技。无人驾驶重卡在全球 18 个国家和地区的港口码头穿梭，且逐渐走向海、陆、空、铁、工厂等多式联运物流场景——西井科技近日在中国香港设立国际总部暨海外研发中心。"未来 5 年，西井科技香港总部将投入 3 亿港元，吸纳全球人才，参与国际竞争。"西井科技创始人、董事长谭黎敏说。

"让越来越多新质生产力走出去，被看见、被认可"，成为诸多企业家的新年愿望。

2015 年创办的寰泰能源，围绕共建"一带一路"国家重点布局，从事新能源电站的投资、建设和运营，在全球范围内并网、在建及储备项目近 2 吉瓦，总投资逾 100 亿元。在哈萨克斯坦，公司近两年中标率在 40% 以上，是当地最大的新能源供应商；在乌兹别克斯坦，公司投资的 500 兆瓦风电项目是当地最大的山地风电项目，也是第一个以人民币计价的新能源项目。

"从'授人以鱼'到'授人以渔'，中国制造正沿着'一带一路'，带动当地建设的标准化，绿色生产力'走出去'的脚步越发坚实。"寰泰能源董事长南逸说。

上海正不断发挥区位与产业优势发展跨境电商。2023 年，上海跨境电商进出口实现 2623.9 亿元，同比增长 42.5%，建有海外仓 138 个，总面积超 179 万平方米。同期，上海空港口岸跨境电商出口申报 4.4 亿票，比上一年增长近 2 倍，创历史新高。

2 月 28 日，《上海东方枢纽国际商务合作区建设总体方案》对外公布，位于浦东新区、规划面积约 0.88 平方公里的这一合作区，在综合保税区、海关监管区和口岸限定区域管理制度基础上，叠加进出境人员便利化的政策和措施，将"一线放开、二线管住"的制度从货物向自然人拓展。

上海社会科学院党委书记权衡说，通过制度性开放、高标准投资贸易经贸规则对接、标准制度管理创新，加快"五个中心"能级提升，使全球贸易投资要素流通更加便利、开放、自由，更有利于将上海打造成融入全球产业链的桥头堡。

（新华社上海 2024 年 3 月 3 日电　新华社记者王永前、姚玉洁、龚雯、周蕊）

向新向实向未来
——深圳加快形成新质生产力观察

◎ 向新、向实、向未来，关键核心技术的"护城河"持续构筑，"创新之城"高质量发展的韧性与活力跃然眼前。

◎ 新质生产力加快形成、战略性新兴产业快速发展的背后，是"工业立市""制造业当家"的久久为功。

◎ 在不少科技界人士看来，以科技创新带动新质生产力，以有组织地为基础研究开辟新赛道，正有力支撑着深圳迈向具有全球重要影响力的产业科技创新中心。

解读新质生产力

今年前三季度，在战略性新兴产业增加值增长8.3%的带动下，深圳地区生产总值增长5.4%。

面对严峻复杂的外部环境，作为改革开放前沿阵地，深圳把发展战略性新兴产业、培育未来产业作为加快形成新质生产力的重要抓手。向新、向实、向未来，关键核心技术的"护城河"持续构筑，"创新之城"高质量发展的韧性与活力跃然眼前。

向新：战略性新兴产业成为核心引擎

11月24日，总部位于深圳的比亚迪公司宣布，第600万辆新能源汽车下线。第一个"100万辆"用时13年，最近的第六个"100万辆"仅用时3个多月。深圳市统计局数据显示，今年前三季度，深圳新能源汽车产量增长125.8%。

新能源汽车，是深圳战略性新兴产业快速发展的缩影。

2022年，深圳出台《关于发展壮大战略性新兴产业集群和培育发展未来产业的意见》，培育发展壮大"20+8"产业集群，即发展以先进制造业为主体的20个战略性新兴产业集群，前瞻布局8大未来产业。囊括新能源汽车的"智能网联汽车"，即是20个战略性新兴产业集群之一。

"今年前三季度，深圳战略性新兴产业增加值达10393.39亿元、增长8.3%，占GDP比重从2019年的37.7%、2022年的 41.1%，进一步提升至 42.5%。"深圳市人民政府发展研究中心经济发展处处长欧阳仁堂说，目前战略性新兴产业已成为深圳高质量发展的核心引擎。

把核心技术牢牢掌握在自己手里，战略性新兴产业的创新"护城河"持续构筑。

今年 1 月，国家药监局应急批准了深圳汉诺医疗科技有限公司体外心肺支持辅助设备、一次性使用膜式氧合器套包注册申请，标志着体外膜肺氧合治疗（ECMO）产品实现国产化。ECMO 产品是心肺系统重症治疗的一种设备，可广泛应用于危重病人的急救。

参与研发的中国科学院院士、国家高性能医疗器械创新中心主任郑海荣说，ECMO 产品的成功国产化经过了艰苦攻关，共申请专利 85 项，制定国家标准 3 项、

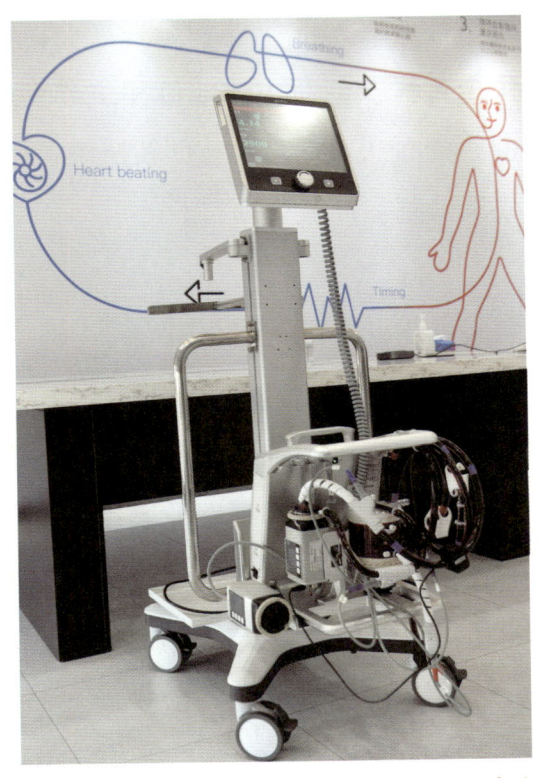

图为 2023 年 1 月 6 日拍摄的我国国产体外膜肺氧合治疗（ECMO）产品。当日，我国国产体外膜肺氧合治疗（ECMO）产品获批上市颁证仪式在深圳国家高性能医疗器械创新中心举行。（新华社记者梁旭摄）

企业标准 5 项，国产 ECMO 产品的面世标志着我国高端医疗设备国产化取得了重大突破。

前三季度，深圳 20 个战略性新兴产业集群之一的高端医疗器械产业集群增加值增长 9.4%。

深圳市发展和改革委员会副主任余璟说，深圳将进一步推动战略性新兴产业发展向更高水平迈进，持续做大做强"20+8"战略性新兴产业集群和未来产业，滚动完善提升规划政策，强化企业科技创新主体地位和主导作用，积极支持行业龙头骨干企业全面深入参与科技创新决策，承担更多关键核心技术攻关、成果试制和产业化项目。

向实：建设先进制造业中心

新质生产力加快形成、战略性新兴产业快速发展的背后，是"工业立市""制造业当家"的久久为功。"深圳以先进制造业中心为引领，加快推进战略性新兴产业集聚。"深圳市工业和信息化局局长余锡权说。

——新投资培育新优势。今年前三季度，深圳高技术制造业投资同比增长 73.7%，其中，电子及通信设备制造投资增长 75.9%。

今天的投资就是明天的产出，而昨天的投资正在产生实效。近期，华为发布部分手机新品，市场一度出现"一机难求"的情况。

华为前三季度经营业绩显示，公司实现销售收入 4566 亿元、同比增长 2.4%，净利润率为 16%。

——新保障拓展新空间。为拓展高质量产业空间，保障先进制造业发展，深圳打造"垂直工厂"，推出"工业上楼"计划。

在深圳宝龙专精特新产业园，曾辗转多个工业园区的深圳市艾克瑞电气有限公司终于找到了"家"。"优质产业空间价格合理，高使用率也留足了企业未来生产升级所需的空间。"艾克瑞公司总经理周建华说。

记者了解到，深圳计划通过"工业上楼"，连续 5 年每年推出不少于 2000 万平方米的厂房空间，向企业提供高品质、低成本、定制化的产业空间。

——新主体开创新局面。"让机器人在工厂里跑起来。"斯坦德机器人（深圳）有限公司创始人王永锟怀揣着这样的目标，从无到有进军工业物流机器人行业，如今公司已累计交付超 6000 个机器人，今年年中成为第五批国家级专精特新"小巨人"企业。

"今天的'小巨人'，可能就是明天的大企业，为高质量发展带来持久动能。"中国（深圳）综合开发研究院常务副院长郭万达说。

统计数据显示，2022 年深圳研发投入强度达 5.81%，其中企业研发投入占比达 94.9%。目前，深圳已有上市企业 500 多家，国家级专精特新"小巨人"企业 742 家，呈现数量多、活力足、创新能力强的特点。

欧阳仁堂说，深圳持续强化企业创新主体地位，推动建立大企业顶天立地、中小企业齐头并进的雁阵体系，培育壮大国家高新技术企业，打造一批国家级专精特新"小巨人"企业，形成一批专注于战略性新兴产业集群的创新领军企业、未来新兴企业等。

向未来：苦练基础原创"内功"

在一个个透明的功能岛里，机械臂正熟练地把多个生物试剂和样品准确地放进微孔板，自动化小车在各个功能岛之间来往运送实验用品，一个智能化的"生命铸造工厂"井然有序地运转。

在历经3年多时间的紧张建设后，位于深圳光明科学城合成生物研究大科学装置近日正式投入使用。

"大科学装置是基础研究的'策源地'，还会在产业上'沿途下蛋'，合成生物领域的科学研究和产业孵化都有望实现飞跃。"中国科学院深圳先进技术研究院副院长、深圳合成生物研究重大科技基础设施首席科学家刘陈立说。

事实上，正如刘陈立所说，在大科学装置建设期间，其所在的光明科学城就已经汇聚了80多家合成生物领域的研发企业，总估值超过270亿元，一个拥有广阔前景的产业集群呼之欲出。像合成生物这样的未来产业，深圳布局了 8 个。

近年来，深圳持续加强基础研究平台布局，脑科学与脑模拟、精准医学影像、鹏城云脑三期、超算二期、自由电子激光、同步辐射光源、材料基因组等陆续开建或启用。

瞭望｜深圳光明科学城科创蝶变

位于深圳市南山区北部片区的西丽湖，是深圳重要的饮用水源。如今，周边正在建设的国际科教城，正成为深圳高质量发展的新"源泉"。

截至目前，这里汇聚了深圳的近半数高校和半数以上全职院士，拥有 6.2 万名在校生、2.4 万名教职工、超 2000 名在站博士后，国家高新技术企业超过 1100 家，初步形成了"基础研究＋技术攻关＋成果产业化＋科技金融＋人才支撑"全过程创新生态链条。

在深圳市委、市政府的领导和支持下，西丽湖国际科教城内的高校、科研院所共同发起成立 X9 联盟（X 是西丽湖的拼音和英文首字母，也是数学上代表未知变量的常用字母），推动形成融合创新体系。

在不少科技界人士看来，以科技创新带动新质生产力，以有组织地为基础研究开辟新赛道，正有力支撑着深圳迈向具有全球重要影响力的产业科技创新中心。

深圳市科技创新委员会主任张林说，深圳加强基础研究稳定支持保障，优化完善竞争性支持和稳定支持相结合的基础研究投入机制，同时加强基础研究平台布局以及基础研究开放合作，以科技创新带动新质生产力，全方位打造"创新之城"。

（新华社深圳2023年11月27日电　新华社记者王攀、孙飞、陈宇轩、印朋）

聚资源、聚人才、聚产业
——成都做强西部新质生产力高地观察

◎ 成都多措并举打造人才高地，相继出台《成都市人才发展"十四五"规划》《成都市建设全国创新人才高地五年行动计划》，并提出20条创新举措。同时，加快建设西部（成都）科学城和成渝（兴隆湖）综合性科学中心，将城市作为人才最大的开放平台。

◎ 聚资源、聚人才、聚产业，成都正深耕创新土壤，使一大批创新主体在这片土地上迅速生长。在世界知识产权组织（WIPO）发布的2022年全球创新指数（GII）的"科技集群"百强榜中，成都位列全球第29位。新质生产力正在此加快形成，城市发展的新动能日益澎湃。

解读 新质生产力

看成都如何做强西部新质生产力高地

今年前三季度，成都地区生产总值增速为6.7%。其中，五大先进制造业中的医药健康产业增长14.0%，装备制造产业增长11.5%，电子信息产业增长7.1%，对经济带动作用明显。

成都正加大推进科技创新、人才聚集和产业升级，着力做强西部新质生产力高地，开拓城市未来发展新空间。

打造西部新质生产力"策源地"

站在二层楼高的核聚变装置前，科幻作家们发出一阵阵惊叹——在今年10月于成都举行的第81届世界科幻大会期间，科幻作家们参观了位于成都的新一代人造太阳"中国环流三号"。

"科幻电影《流浪地球》的地球发动机应用的是重核聚变

原理，而现实中科学家做的是难度小一些的轻核聚变。"中核集团核工业西南物理研究院博士科普团团长郑雪说。

今年8月25日，"中国环流三号"首次实现100万安培等离子体电流下的高约束模式运行。"这一重大科研进展突破了等离子体大电流高约束模式运行控制、高功率加热系统注入耦合等关键技术难题。""中国环流三号"团队介绍，这标志着我国磁约束核聚变研究向"高性能聚变等离子体运行"迈出重要一步。

以"中国环流三号"为代表的大科学装置正为成都带来强劲的创新策源能力。

目前，成都仅在西部（成都）科学城布局的大科学装置就有6个，其中2个纳入国家"十四五"规划重大科技基础设施布局，其他4个为省级重大科技基础设施，包括电磁驱动聚变大科学装置、解决飞行器等重大工程研制关键问题的磁浮飞行风洞等。

为进一步提升源头创新能力，对标国家实验室，四川省启动布局天府实验室。目前，首批天府实验室——天府绛溪实验室、天府锦城实验室、天府兴隆湖实验室、天府永兴实验室已在成都揭牌运行，正聚焦电子信息、生命科学、生态环境等领域开展前沿研究。

2022年11月挂牌至今仅一年，位于成都未来科技城的天府绛溪实验室已落地4个前沿研究中心，还在近期公布了量子技术领域已转化的新成果。

创新成果正在成都多点开花。

在成都高新区，电子信息产业正聚焦新型显示"赛道"开拓空间，围绕京东方等龙头企业，引聚上下游企业，已打造从核心材料及部件、高端设备到终端应用的全产业链。现在，全国近三分之一的高端柔性显示屏从这里产出；创新技术路线的 TFT 基 Micro-LED 显示屏量产线已启动建设，预计在 2024 年底实现量产出货。

在四川天府新区，已落户"中科系"等国家级科研机构 26 家、国家川藏铁路技术创新中心等创新平台 35 个，引进清华四川能源互联网研究院等校院地协同创新项目 66 个。国家超算成都中

2023 年 2 月 14 日，成都超算中心科研人员在巡检机房设备。（新华社记者刘坤摄）

心最高运算速度达 10 亿亿次 / 秒，已为高海拔宇宙线观测站等 1000 多个用户提供算力支持。

成都天府国际生物城瞄准生物技术药物、高性能医疗器械等 5 大细分领域，已构建从靶点发现到中试生产全生命周期的科研平台 123 个，其中包含 10 个国家级平台，带动成都高新区生物医药产业规模连续五年保持 20% 的增长率。

"成都正加快建设全国重要的创新策源地。"成都市科技局党组书记、局长丁小斌说，成都已集聚 146 家国家级科创平台，国家高新技术企业增至 1.15 万家，科创板上市企业 17 家。

形成科学家和科技人才"研发地"

11 月 7 日，四川大学华西医院生物治疗国家重点实验室和天府锦城实验室（前沿医学中心）邵振华／颜微团队联合山东大学孙金鹏／于晓团队的最新研究论文在《自然》正刊上发表。值得一提的是，本文是本年度天府锦城实验室（前沿医学中心）发表的第二篇《自然》论文。

"今年连续在《自然》发表两篇论文，在相关领域取得重大科学发现和突破，标志着天府锦城实验室（前沿医学中心）在科研实力及创造性方面取得了阶段性进展。"天府锦城实验室（前沿医学中心）相关负责人说，实验室已集聚院士和重要专家 28 位，高水平创新研究团队超 2000 人。

成都市经济发展研究院产业经济研究所所长刘丹认为，新质生产力的核心是新型人才资源的支撑。

成都多措并举打造人才高地，相继出台《成都市人才发展"十四五"规划》《成都市建设全国创新人才高地五年行动计划》，并提出 20 条创新举措。同时，加快建设西部（成都）科学城和成渝（兴隆湖）综合性科学中心，将城市作为人才最大的开放平台。

今年 9 月，中国科学院大学成都学院科学城校区正式开课，300 余名研究生入学。在中国科学院大学成都学院副院长董微看来，空间的集聚带来的是人才创新力的进一步释放："科学城的大项目、大平台、大装置、大人才都是学生的学习资源，让学院教育和科研结合得更紧密，也为抢占未来科技制高点培养了更多生力军。"

近年来，成都共引进"蓉漂计划"特聘专家 959 名，顶尖创新创业团队 98 个，人才总量达 622.32 万人，其中国家、省、市重大人才计划入选者 5417 人。

"成都正更加主动地融入国家建设世界重要人才中心和创新高地的战略布局，全力吸引人才集聚，加快建设全国创新人才高地。"成都市委组织部部务委员、市委人才办专职副主任阳夷说。

做强科技创新成果"转化地"

促进科技成果顺利转化是加快形成新质生产力的重要一环。

"2010年到2015年,我们学校只有14项专利得到转化。2016年开始职务科技成果权属混合所有制改革至今,职务科技成果知识产权分割确权达280项,作价入股成立科技型创业公司20多家。"西南交通大学国家大学科技园董事长康凯宁说。

长期以来,高校职务科技成果转化难,使得许多创新成果"沉睡"在实验室,这就亟须以改革破除制度障碍。

2016年,在总结西南交通大学经验的基础上,成都出台新政策,明确职务发明人可对科技成果享有不低于70%的股权。2020年,成都"加码"职务科技成果权属改革,在国有资产管理等方面改革创新。

改革至今,4所在蓉高校入选国家改革试点、占全国10%,37家在蓉高校院所和国有企业入选四川省专项改革试点,累计完成分割确权1300余项,新创办科技企业500多家,带动社会投资300余亿元。

除了深化体制改革,成都正着力打造覆盖企业全生命周期的产业培育体系,进一步提升科技成果转化力度。其中,加强"一端连着创新、一端连着产业"的中试平台建设就是重要一步。

在成都青白江区的文澜智谷中试产业基地,西南石油大学

> 解读
> 新质生产力

图为 2023 年 6 月 13 日拍摄的西部（成都）科学城。（新华社记者刘坤摄）

周莹教授团队的最新科技成果正在进行中试。"今年 3 月中试基地成立以来，已创建省、市级科研创新平台 10 个，孵化企业 8 家，完成科技成果转化 15 项，转化率 100%。"文澜智谷中试产业基地首席技术官叶锐说。

在成都高新区，高新蜂鸟智能硬件中试平台已服务 200 多家企业，包括 2021 年登陆科创板的极米科技。今年初，成都高新区提出"中试+"生态理念，未来 5 年，成都高新区将设立 50 亿元中试基金，规划布局 30 余个中试平台，全力突破科技成果转化瓶颈。

聚资源、聚人才、聚产业，成都正深耕创新土壤，使一大批创新主体在这片土地上迅速生长。在世界知识产权组织

（WIPO）发布的 2022 年全球创新指数（GII）的"科技集群"百强榜中，成都位列全球第 29 位。新质生产力正在此加快形成，城市发展的新动能日益澎湃。

（新华社成都 2023 年 11 月 28 日电　新华社记者杨三军、李倩薇、李力可）

数字之城，向"新"而兴
——新质生产力的杭州实践观察

◎ 杭州在新时代的发展赛道上正跑出新质生产力的加速度，新科技、新产业融合兴盛，构筑新优势。一座创新型"未来之城"的瑰丽画卷正徐徐展开。

◎ 杭州抓住新一轮科技革命和产业变革带来的机遇，推动数字基础设施建设，协同推进数字产业化和产业数字化转型，涌现了大量"未来工厂""黑灯工厂""灯塔工厂"。

◎ 科技创新发展和人才资源聚集，是新质生产力发展的"两翼"。杭州国内人才、海外人才净流入率位居全国前列，连续13年入选"外籍人才眼中最具吸引力的中国城市"。

培育竞争新优势，打造智能物联、生物医药、高端装备、新材料和绿色能源五大产业生态圈；

形成发展新动能，今年前三季度，高新技术产业增加值 2174.2 亿元，占规上工业增加值比重达 67.66%；

抢占发展新高点，"超重力场""极弱磁场"2 个大科学装置建设加快推进，全国重点实验室达 18 家……

杭州在新时代的发展赛道上正跑出新质生产力的加速度，新科技、新产业融合兴盛，构筑新优势。一座创新型"未来之城"的瑰丽画卷正徐徐展开。

聚焦前沿找准"着力点"

玛莎拉蒂母公司斯泰兰蒂斯集团 15 亿欧元入股浙江零跑科技股份有限公司——10 月下旬，这则消息引发广泛关注。

拥有自研智能动力、智能网联、智能驾驶三大核心技术，工厂预计年产可达 70 万辆……在零跑科技创始人朱江明看来，这次强强联合，将是企业欧洲布局的重要一步。

零跑科技的崛起，离不开杭州聚焦前沿领域、瞄准战略性新兴产业打下的扎实基础。

以新能源汽车为例，目前，杭州已构建了从关键零部件到整车的完整产业体系。放眼杭州全域，智能物联、生物医药、高端装备、新材料和绿色能源五大产业生态圈加快形成，恰如

> 解读
> 新质生产力

一个个新质生产力"着力点"连点成网，现代化产业体系成效显现。

从零跑科技总部所在的杭州滨江区向东北20余公里，地处钱塘区的杭州医药港集聚了1600余家生物医药企业，默沙东等全球十大知名药企有7家在此落户。2022年，钱塘区生物医药产业营收突破500亿元，3年落地近百个亿元以上项目。

杭州以新质生产力为牵引，不断拓展产业发展的新方向、开辟产业发展的新赛道：

杭州在高端软件、生物医药与医疗器械、数字安防与网络通信、节能环保与新能源装备、集成电路、机器人与数控机床等多个领域销售收入占比稳居全省第一；入选"浙江制造"省级特色产业集群核心区6个、协同区15个，数量居全省首位。

要把创新主动权、发展主动权牢牢掌握在自己手中。"目前，杭州建立了五大产业生态圈的'5+X'产业政策体系，资源要素保障也在加快推进，不断用政策助力战略性新兴产业持续发展。"杭州市经信局局长王越剑说。

技术赋能形成"支撑点"

杭州抓住新一轮科技革命和产业变革带来的机遇，推动数字基础设施建设，协同推进数字产业化和产业数字化转型，涌现了大量"未来工厂""黑灯工厂""灯塔工厂"。

——数实结合重构"未来工厂"。50多条数字生产线随遥控切换,不仅可以实时监测制造环节的设备运行情况,还能实现全工序质量可追溯……走进杭州西奥电梯有限公司展示厅,制造业运用数字孪生技术的转型探索已经落地发芽,企业在2021年入选浙江省"未来工厂"名单。

"曾经一条生产线需要20人,现在只需要一名操控员。一方面可以实现工厂的降本增效,另一方面也在倒逼普通工人向技术人才转变。"西奥电梯工厂运营副总裁冯铁英说,"数字孪生工厂"实现制造效率、产品品质的双重提升,年订单量超10万台。

图为2021年12月17日,工人在位于杭州市临平区的西奥电梯数字工厂内的自动化智能生产线工作。(新华社记者黄宗治摄)

解读新质生产力

——"黑灯工厂"推动产业迭代升级。位于杭州临平区的老板电器生产车间内，光线昏暗，只能隐约看到机器设备指示灯闪烁，生产环节通过信息技术串联，AGV小车运载物料，沿着预设路线"闲庭信步"。

在这家厨电企业的5万平方米车间内，共布设了284台自动化设备，上万个"数据点位"。老板电器外联部经理于超介绍，企业投资超5亿元打造这个数字化、网络化、智能化的生产基地，为企业带来了效益：产品研制周期缩短48%，生产成本、运营成本分别降低21%、15%。

——"灯塔工厂"指引先进制造业前进方向。世界经济论坛公布的"灯塔工厂"被称为世界上最先进的工厂，一定程度上，它代表着全球制造业领域智能制造和数字化的最高水平。

在入选"灯塔工厂"名单的阿里巴巴犀牛工厂，服装制造过程正在颠覆人们的传统印象：生产排期、吊挂路线都由人工智能完成；产品的样式、设计元素是消费大数据分析得出的结论；工厂"智慧大脑"能够实时控制裁剪、装配……服装行业平均"1000件起订、15天交付"的传统套路，被切换为"100件起订、7天交货"的小批量定制模式。

"链主"企业引领，在重点领域实现设备共享、产能对接和生产协同，中小企业立足自身优势，向成为专精特新"小巨人"企业的目标进发，杭州已经形成千行百业高质量发展的综合产业体系。

今年以来，杭州新增国家级专精特新"小巨人"企业117家、累计已超320家，新增数位居全国省会城市第一。

科创驱动抢占"突破点"

"短短两年，我们的研究项目就从实验室走向市场。"良渚实验室研究员王永成介绍，他们团队致力于单细胞测序创新技术研发，项目落地杭州余杭区后迅速发展，成立了杭州跃真生物科技有限公司，今年第二季度起，销售额保持每个月15%以上的增长。

科技创新是引领发展的"原动力"，也是加快形成新质生产力的关键。

之江实验室被纳入国家实验室体系；聚集了浙江大学、西湖大学等28所高校院所，省级新型研发机构达36家……科技创新为杭州高质量发展提供源源不断的动能。

翻开杭州城市地图，更能清晰看到杭州的科技强市超前规划。一条长约33公里的城西科创大走廊，挂牌至今7年多已集聚全省超60%的国家科技奖项、超80%的国家"杰青""优青"人才。"最近一年来，这里每个工作日都能新增80家科创主体。"杭州城西科创大走廊管委会副主任施黄凯说。

随着城市创新能级跃升，杭州也更具吸引力。5年前，中国科学院西安光学精密机械研究所飞秒激光项目组负责人杨直

> 解读
> 新质生产力

以及 50 多位研发人员把目光投向杭州，成立了杭州奥创光子技术有限公司，短短几年间，企业已成长为国家高新技术企业。

科技创新发展和人才资源聚集，是新质生产力发展的"两翼"。杭州国内人才、海外人才净流入率位居全国前列，连续 13 年入选"外籍人才眼中最具吸引力的中国城市"。

"杭州在后亚运时代，提出了'十大攀登行动'。"杭州市副市长胥伟华说，前两大计划就是实施科教人才一体攀登行动和实施"双新"提能攀登行动，其中"双新"就是新质生产力和新型工业化。

今年 7 月，全球容量最大超重力离心模拟与实验装置的实验大楼在杭州正式结顶，从空中俯瞰，犹如昂首展翼的巨大宇宙飞船。有了"超重力场"这个"国之重器"，就可以在实验室里模拟"一眼万年"或者"一步千里"的时空压缩，实现"从 0 到 1"的原始创新。就像这座城市，在新质生产力牵引下，奔赴充满无限希望的未来……

（新华社杭州 2023 年 11 月 29 日电　新华社记者邬焕庆、商意盈、张璇、魏一骏）

安徽加快培育新质生产力观察

◎ 主动适应新一轮科技革命和产业变革，制造大省安徽把高质量发展的要求贯穿新型工业化全过程，着力构建现代化产业体系。

◎ 一手抓打造新兴产业赛道，一手抓改造提升传统产业。安徽以创新"开路"，推动更多经营主体通过工业互联网、数字化应用等新技术加快产业链供应链整体优化，推动传统产业转型升级，促进产业高端化、智能化、绿色化。

◎ 推进布局前沿技术、整合科技创新资源、提高科技成果落地转化率……近年来，安徽培育未来产业的动作不断加快。

解读 新质生产力

冬去春来，芳草新芽。长江之畔，安徽省芜湖市朱家桥码头，整齐排列的新能源汽车正依次驶入船舱装运；大洪山谷，可重复使用火箭发动机在蚌埠市进行试验……江淮大地，创新的种子正在各行各业生发壮大。

主动适应新一轮科技革命和产业变革，制造大省安徽把高质量发展的要求贯穿新型工业化全过程，着力构建现代化产业体系。新能源汽车、新一代信息技术、新材料等一批战略性新兴产业蓬勃聚"势"，技术创新、产线改造、数字转型推动传统制造业"老树发新芽"，商业航天、量子信息、人工智能等未来产业抢滩布局……以科技创新为引领，以工业制造业为支撑，安徽正在一条条新赛道上加快培育壮大新质生产力。

新兴产业聚"势"

从空中俯瞰大众安徽 MEB 工厂，一辆辆大货车陆续排队进入园区，运送物料；步入车间，AGV 小车有序往来，准备出口欧洲的订单正在这里抓紧生产等待交付。

短短两年半时间，大众汽车集团在安徽省合肥市建立了一个新的智能网联电动汽车中心，并与小鹏汽车、地平线、国轩高科等多家中国企业进行电动化、自动驾驶、电池等领域的全面合作，是安徽推动汽车"首位产业"发展的缩影。

"合肥一直是人才聚集地，培养了大批科技领域的杰出人才。这一充满活力的生态使我们能够蓬勃发展和不断创新。"大众汽车（安徽）有限公司首席执行官葛皖镝说，"创新势能"使大众能够深度参与安徽新能源汽车产业的发展。

以新能源汽车产业为代表，新兴产业"红利"正在安徽释放，为新质生产力发展壮大提供广阔空间。

2023年，安徽全省新能源汽车产量达86.8万辆、同比增长60.5%；集成电路产量增长1倍以上，柔性显示产业产值增长1.9倍，装备制造产业营收突破万亿元，新材料产业产值突破5200亿元；集成电路、新型显示器件、人工智能、先进结构材料4个国家战略性新兴产业集群集聚企业超过2200家，

图为2023年10月25日拍摄的大众安徽MEB（模块化电驱动平台）工厂车间。（新华社发　杜宇摄）

实现营收 4000 多亿元……

"聚焦新能源汽车、新一代信息技术、先进光伏和新型储能等新兴产业重点领域，安徽着力打造具有重要影响力的新兴产业聚集地。2023 年，战略性新兴产业产值占规模以上工业产值比重提高至 42.9%，为发展新质生产力提供了重要支撑。"安徽省发展改革委主任陈军说，全省新兴产业企业近 6800 家，贡献了全省近八成的国家级专精特新"小巨人"企业和五成多的上市企业。

产业"聚链成群"、企业"众木成林"，新兴产业融合集群发展势头正劲、动能更强已成为安徽制造业最鲜明的特色。最新印发实施的《安徽省 2024 年重点项目清单》显示，列入重点项目的 812 个产业项目中，有 689 个新兴产业项目，其中新能源汽车、先进光伏和新型储能项目占比近四成。

传统产业跃"级"

浸出、提纯等 12 道工序过后，动力电池中高价值的锂、钴、镍等被提取出来。位于池州市贵池区的池州西恩新材料科技有限公司生产车间里，一块块废旧动力锂电池通过回收技术实现"重生"。

"创新路径走通了，就没有落后的产业。"公司总经理赵志安说，技术创新让公司从过去单一的矿石提炼"摇身一变"，切换到动力电池回收这一细分赛道，与新能源汽车产业链衔接融合。目前，公司研发团队已突破 100 人，研发投入占总营收的 3% 以上。

创新这个关键变量，正成为更多像西恩新材料这样的"传统"企业做大做强的底气。

一手抓打造新兴产业赛道，一手抓改造提升传统产业。安徽以创新"开路"，推动更多经营主体通过工业互联网、数字化应用等新技术加快产业链供应链整体优化，推动传统产业转型升级，促进产业高端化、智能化、绿色化。

图为 2023 年 10 月 27 日拍摄的池州西恩新材料科技有限公司生产车间。（新华社发　杜宇摄）

解读新质生产力

一根普通的管子，也拥有独一无二的"身份证号"；生产过程中，企业自研的质量在线追踪系统会跟踪收集每一根管子的生产状态、参数数据等，进行实时反馈调整。位于安徽马鞍山慈湖国家高新技术产业开发区的圣戈班管道系统有限公司里，数字化改造让每一根管子都不再普通。

"对于球墨铸铁管道生产企业来说，降低废品率相当于直接增加了利润，而数字化改造让我们的废品率降低了4%，已减少损失上千万元，极大地提高了生产效率和产品质量。"公司信息技术经理潘忠朋说。

更多企业正投身转型升级热潮。2023年，安徽7737户规上制造业企业完成数字化改造、规下制造业企业数字化应用3.46万个，实施亿元以上重点技术改造项目1200项以上，新增规上制造业企业数字化改造5000家以上。羚羊工业互联网平台入驻用户107.2万户、服务企业510.1万次，助力更多传统产业焕发新生。

未来产业谋"远"

新春伊始，位于蚌埠市的九州云箭火箭发动机试车台控制中心内，工程师们正在开展火箭发动机测试。这场试验后，九州云箭研发的3台龙云发动机相继完成校准试车，即将交付客户装箭。

下　篇　生动实践篇

2024年3月11日，在安徽九州云箭航天技术有限公司生产基地，技术人员对即将交付的液体火箭发动机进行最后的检查。（新华社发　黄洋洋摄）

"火箭回收复用可以大幅降低进入空间的成本，提高火箭发射频次。"九州云箭董事长季凤来说，商业航天是典型的未来产业，将是抢占未来国际竞争制高点的重要力量。

推进布局前沿技术、整合科技创新资源、提高科技成果落地转化率……近年来，安徽培育未来产业的动作不断加快。2024年，安徽提出将加强国家实验室服务保障，加快建设量子信息、聚变能源、深空探测三大科创高地；开工建设空地一体量子精密测量实验设施，争取深空探测重大标志性工程立项实施；新建一批前沿技术概念验证中心、中试基地，重组升级省（重点）实验室100家以上……

> 解读
> 新质生产力

"科技创新不仅重塑生产力的基本要素，催生新产业新业态，同时也将不断培育出更丰富的未来产业形态，为经济高质量发展培育新动能、构建增长点。"安徽省经济信息中心主任刘文峰说。

陈军表示，下一步，安徽还将布局建设省级未来产业先导区，聚焦通用人工智能、量子科技、空天信息、低碳能源等重点领域，系统推进科技创新、示范应用、体制机制、政策举措等方面的先行先试。同时，实施政策技术场景化行动，打造主体高效协同、要素集聚融通的创新生态，打通从科技创新、产业创新到发展新质生产力的链条。

（新华社合肥2024年3月17日电　新华社记者马姝瑞、吴慧珺）

科技攻"尖" 产业攀高
——合肥发展新质生产力观察

◎ 从综合性国家科学中心到全球科创名城，合肥抢抓新一轮科技革命和产业变革的历史机遇，勇攀科技高峰，勇立产业潮头，新质生产力加快形成，推动城市能级不断跃升。

◎ 翻开合肥的产业图谱，从早期打造的集成电路、新型显示、新能源汽车等"芯屏汽合"标志性产业，到后来发展城市应急安全、智能终端、生物医药、人工智能等"急终生智"产业，几乎囊括重点新兴产业。

解读新质生产力

今年前 10 个月，合肥市规上工业增加值同比增长 9.7%，高于全国 5.6 个百分点，居全国万亿城市第 2 位。其中，战略性新兴产业产值增长达 8.1%，对工业增长贡献率近七成。

从综合性国家科学中心到全球科创名城，合肥抢抓新一轮科技革命和产业变革的历史机遇，勇攀科技高峰，勇立产业潮头，新质生产力加快形成，推动城市能级不断跃升。

澎湃新动能

虽值寒冬，大众安徽 MEB 工厂周围仍在火热建设，40 家配套企业已集聚成群，投资总额超 70 亿元。

图为 2023 年 8 月 20 日拍摄的位于安徽省合肥市的大众汽车（安徽）有限公司。（新华社记者郭晨摄）

大众汽车集团近年来在合肥持续加码布局，成立整车制造基地、设立独资研发公司、建设电池系统工厂，致力将合肥打造成除德国之外的新能源汽车先进生产、研发和创新中心。

外资选择在合肥开辟新赛道，折射出这里的产业磁吸效应。

早在2009年，合肥就成为全国新能源汽车示范推广试点市。10多年来，从试点示范到集聚包括大众、蔚来、比亚迪、长安等6家国内外整车企业，合肥新能源汽车产业一跃进入全国第一方阵。2023年，合肥新能源汽车产量预计超80万辆，新能源汽车产业集群营收将突破3000亿元。

翻开合肥的产业图谱，从早期打造的集成电路、新型显示、新能源汽车等"芯屏汽合"标志性产业，到后来发展城市应急安全、智能终端、生物医药、人工智能等"急终生智"产业，几乎囊括重点新兴产业。

"合肥的产业抓得准、立得住，关键在始终聚焦国家政策导向、产业发展方向、技术变革走向。"合肥市发改委副主任程羽说。

产业向新，生产力焕新。

不久前，总部位于合肥高新区的阳光电源发布报告，该公司今年前三季度营业收入为464.15亿元，同比增长108.85%。营收增长主要来自光伏逆变器、储能业务及新能源投资开发。

"阳光电源的逆变器出货量全球第一，围绕其已集聚产业链上下游近百家企业，税收贡献超过10亿元。"合肥高新区管委会副主任吕长富说。

以阳光电源为龙头，合肥正加快构建以异质结电池、大尺寸硅片、钙钛矿等为代表的先进光伏储能产业。今年前10个月，合肥市光伏及新能源产业产值超1100亿元。

如今，合肥的集成电路、新型显示、人工智能三大产业入选国家级战略性新兴产业集群，智能语音产业入选国家先进制造业集群，新能源汽车、光伏储能、新型显示、智能家电、高端装备、人工智能六大千亿新兴产业集群正在快速崛起。得益于新质生产力的形成，新能源汽车、动力电池、光伏储能等产业对规上工业增长贡献率超100%。产业链、价值链不断攀高，全国50%的新能源叉车、20%的液晶显示屏、8.5%的新能源汽车、5%的光伏组件来自"合肥制造"。

催生新产业

合肥西郊，名为"夸父"的大科学装置——聚变堆主机关键系统综合研究设施的主体工程建设"进度条"拉满，100余个关键里程碑建设任务及核心部件的设计、预研和测试验证已经完成，从子系统的实验室研发测试阶段进入了部分关键部件的研制和现场集成及调试阶段。

研究和建设加速，产业不断崛起。

11月16日，60多家参与"夸父"建设的科研院所和企业携手成立聚变产业联盟，致力推动聚变技术从实验室走向应用场，打造一个世界级聚变能源产业集群。

"聚变能开发应用已成为全球科技和产业竞争的新热点。"聚变产业联盟副理事长严建文说，产业联盟以实现聚变清洁能源商用化为愿景，希望通过深化产学研用合作，加快聚变关键核心技术攻关，构建有韧性的聚变产业链和供应链。

近年来，合肥树立"科技即产业"理念，全力支持从 0 到 1 的原始创新，为生产力增添科技内涵；加快推动从 1 到无穷的科技成果转化，积极培育未来产业。

位于合肥科大硅谷园区的中科采象科技有限公司，有一艘编号为"海洋石油 720"的深水物探船模型，定格了我国完成超深水海域地震勘探作业的历史。"海洋石油 720"搭载的核心物探装备和关键技术来自中科大核探测与核电子学国家重点实验室团队。如今，这一全球领先技术就地转化，叩开了一个约 50 亿美元的物探装备新产业。

"新质生产力以新技术新应用为主要特征，离不开源头科技创新的引领。"合肥市科技局副局长吕波说。

创新需要真金白银的投入。近 10 年，合肥财政的科技投入超千亿元。仅 2022 年，合肥全社会研发投入近 470 亿元，市财政科技支出占一般公共预算支出高达 18%，居全国大中城市前列。

建设近 20 平方公里"未来大科学城"，建成、在建和预研

> 解读
> 新质生产力

2023年1月28日，工人在安徽省合肥市肥东县合肥循环经济示范园内某太阳能光伏组件生产公司的车间作业。（新华社发 阮雪枫摄）

大科学装置12个，量子国家实验室首批落户挂牌，国家深空探测实验室落户运行……近两年，全国十大科技突破中近三分之一诞生在合肥，量子科技、深空探测、可控核聚变等原始创新屡获突破。

新技术带来新产业。以"量子科技、深空探测、核聚变"为代表的未来产业正在合肥蓄势而发。其中，量子科技产业集聚企业58家，量子芯片生产线已在合肥顺利投产。空天信息产业集聚创新主体近百家，产业体系初步构建，一个千亿规模的蓝海市场渐次打开。

蓄力新生态

公园的草坪暗藏着雨水净化和收集系统，道路上自动驾驶观光车、无人售卖车往来穿梭，头顶上货运无人机不断将配送的外卖精准送达起降点……位于合肥市中央的骆岗公园，俨然成为一个超级"试验场"，100多项新技术、新产品在这里找到了落地应用的场景。

形成新质生产力，知识、技术、管理、数据、场景等新型生产要素作用突出。

今年5月，合肥发布《科创生态宣言》，提出要强化政策、资金、要素协同，全力构建科创生态。此前，合肥市明确，围绕产业链、创新链、资金链和人才链深度融合，完善政策部署，打造创新生态。

合肥市经信局副局长曾艳，还有一个头衔是合肥市光伏及新能源产业链负责人。"这要求我既要懂政策，还要懂产业。"曾艳说。

培养像曾艳这样懂产业、懂技术、懂政策、懂市场的复合型产业组织人才，发挥有为政府和有效市场的结合作用，合肥不断探索适应新质生产力的生产关系。

在全国率先成立市委科技创新委员会、市推进战略性新兴产业发展工作委员会、科技成果转化专班，安排1名专职市委常委统管科技、产业、金融，在全市推动形成"大科创"格局；

解读
新质生产力

2023年11月16日,在合肥市瑶海区的中国网谷,一家机器人公司的技术人员在调试智能机器人。(新华社发 解琛摄)

把"应用场景"纳入创新要素保障,组建全国首个城市场景创新促进中心,常态化发布场景清单和能力清单,组织路演对接,助力技术与产业双向奔赴;

建立技术经理人队伍,深入高校、科研院所"淘金",加速科技成果从"书架"到"货架";国资引领打造"产业基金丛林"支持各类科创主体……

哪里的创新生态好,哪里的科创主体就蓬勃生长,哪里就出新质生产力。

数据显示,2022年以来,合肥市已累计摸排高校院所科技成果3700余项,推动成果转化成立企业500余户。目前,全市拥有国家专精特新"小巨人"企业 188 户、国家高新技术企业 6400 余户、"灯塔工厂" 4 户,平均每天净增国家高新技术企业 5 户左右。

(新华社合肥 2023 年 11 月 30 日电　新华社记者杨玉华、马姝瑞、吴慧珺)

向新求变　蓄能未来
——沈阳加快形成新质生产力观察

◎ 推动东北全面振兴，根基在实体经济，关键在科技创新，方向是产业升级。

◎ 这座城市向新求变，新兴产业破浪向前；这座城市自我更新，聚焦未来赛道，重点布局无人驾驶、人工智能等领域，以"换道超车"推进动力变革；这座城市以新为径，搭平台，给政策，加快构建以企业为主体、市场为导向、产学研相结合的技术创新体系，为开辟新赛道厚植产业发展土壤。

推动东北全面振兴，根基在实体经济，关键在科技创新，方向是产业升级。

"新"，正成为老工业基地沈阳奔跑在高质量发展赛道上的主题词。

这座城市向新求变，新兴产业破浪向前，到 2025 年，沈阳机器人产业产值力争突破 200 亿元，创新元素迸发涌流；

这座城市自我更新，聚焦未来赛道，重点布局无人驾驶、人工智能等领域，涌现出东软睿驰、美行科技等一批行业领军型企业，以"换道超车"推进动力变革；

这座城市以新为径，搭平台，给政策，加快构建以企业为主体、市场为导向、产学研相结合的技术创新体系，为开辟新赛道厚植产业发展土壤。今年以来，沈阳建设各级各类科创平台达到 1510 个，"科研之花"正逐步结出"产业之果"。

蓄"新"力：发展壮大新兴产业

密闭的真空容器内，由航天级合金钢材制成的转子以每分钟最高 4.1 万转的超音速飞驰旋转，实现动能与电能的高效转换……得益于磁悬浮飞轮储能技术，大自然忽强忽弱的风、明暗不定的光，都能变成稳定输出的"绿电"。

实现这项技术突破的，是位于沈阳市铁西区的沈阳微控新能源技术有限公司。走进公司生产车间，一个个外形类似集装箱的

解读新质生产力

2023年11月29日,在沈阳微控新能源技术有限公司车间拍摄的由航天级合金钢材制成的转子。(新华社记者杨青摄)

产品整齐排列,等待发运。通过引进、消化、吸收、创新,这家年轻的企业已构建起自主可控的科技创新体系和知识产权体系。

"我们今年手握10亿元订单,在满负荷生产。"公司董事长张庆源说,公司能够在新型储能赛道上迅速崭露头角甚至领跑,靠的就是持续创新。

创新驱动,赢得未来。新兴产业的不断发展壮大,正为沈阳加快形成新质生产力提供强劲动力。

"沈阳市作为工业体系最为完整的城市之一,正借助工业互联网推动新兴产业崛起。"中国中小企业协会工业互联网服务专委会主任王国重说。

位于沈阳市大东区的延锋（沈阳）座椅系统有限公司生产线上，随着机械手臂的传感器不停闪烁，座椅需要的小零件自动入库、出库。

"车间能实现 50% 以上的生产作业指令自动下达到数字化设备，大大提高了效率。"公司总经理李哲说。

这是工业互联网广泛应用的一个生产场景。记者在沈阳走访发现，工业互联网已在石油化工、汽车零部件、工程机械等领域大显身手，纵贯研发设计、加工制造、物流销售等环节。

目前，沈阳市 5G 基站实现重点区域、重点场所全覆盖；标识解析二级节点数量达到 13 个，数量位居东北第一；拥有 9 个国家级工业互联网平台，21 个省级工业互联网平台，涉及能源、输配电、食品等多个领域。

沈阳市工业和信息化局副局长马恩林表示，作为全球工业互联网大会永久会址和承办单位，沈阳将以全球工业互联网大会为重要平台和载体，充分发挥其对新兴产业的支撑作用，推动制造业和数字产业"双向奔赴"。

蓄"新"能：前瞻谋划未来产业

前方有行人，车辆自动避让；需要左转，车辆自动转向；行驶中遇到多辆重型货车，车辆自动平稳换道……近日，记者在沈阳大东区的自动驾驶示范道路内，体验了一次神奇的自动驾驶。

解读 新质生产力

"大东区已建成22公里L2级别的汽车城公交专线，17.5公里的L4级别道路，道路沿途有机关、高校、企业、厂区等不同场景，部署了摄像机感知系统、雷达感知系统、信号灯感知系统等智能网联道路设施。"沈阳车网科技发展有限公司常务副总经理赵辉说。

曾几何时，"重、大、沉，缺少未来感"是很多人对沈阳制造业的传统印象。如今的沈阳，产业结构正悄然发生变化。

近年来，沈阳结合地方实际和产业优势，瞄准无人驾驶、人形机器人等重点方向，布局一批前沿性未来产业，持续蓄"新"能，建设未来产业创新策源地和发展高地。今年上半年，全市新能源汽车、集成电路、航空产业增加值分别同比增长59.5%、18%和34%。

"君不见，黄河之水天上来，奔流到海不复回……"一个唐代诗人李白的仿生机器人正在吟诵诗歌，不时还有一些肢体动作，面部表情也十分丰富，吸引了大批观众驻足观看。在沈阳市大东区的EX未来科技馆，一种"未来已来"的科技感让人仿佛置身于科幻电影中。

"相较于新兴产业，未来产业的培育周期长、成长不确定性大。对正在奋起直追的沈阳来说，着眼既有产业基础，谋划相关未来产业，以现有产业托底未来产业，以未来产业延伸产业链、提高附加值，是一个颇具前瞻性的决策。"EX机器人研发工程师西尔艾力说。

"现在的小苗，或许就是未来的参天大树"。沈阳市的决策者认为，发展未来产业，不是"要不要"，而是"快与慢"的问题。在激烈的区域竞争中，谁起步早，谁才能赢得先机。

未来已来，智造未来。

沈阳正加速创建高能级科创平台。目前，沈阳人工智能计算中心算力扩容至300P，被纳入全国人工智能算力战略体系，进入全国第一梯队；今年以来，沈阳新增全国重点实验室9个，新增国家级科创平台15个，建设各级各类科创平台达到1510个……夯基垒台，筑巢引凤，企业不断增强的"获得感"正转化为城市产业的"未来感"。

蓄"新"势：厚植产业发展土壤

今年7月，在沈阳举办的国际机器人大会格外热闹：咖啡机器人现场拉花、行走机器人辅助养老助残、300余名青少年操控机甲竞技机器人赛，线上线下赚足人气。

当前，沈阳以新松为代表的机器人产业链条已基本形成，上下游配套企业超过500家，能够提供工业、协作、移动、特种、服务五大类近百种机器人产品，已搭建起国内领先的产品线。

这一系列成果离不开政策的持续发力和科研院所的技术支撑。日前，沈阳市还制定了最新的机器人产业发展计划，提出到2025年，全市机器人整机年产量达到15000台套，机器

> 解读
> 新质生产力

图为 2022 年 4 月 28 日拍摄的沈阳新松机器人自动化股份有限公司生产车间。（新华社记者潘昱龙摄）

人产业产值力争突破 200 亿元，规模以上机器人企业数量突破 50 家。

沈阳创新资源丰富，拥有中科院沈阳自动化研究所、中科院沈阳计算所等中科院驻沈研究所，设有全断面掘进机国家重点实验室、机器人学国家重点实验室等国家级专业技术平台，为行业发展提供了有力支撑。

沈阳市工信局相关负责人介绍，在现有 6 支院士团队的基础上，沈阳每年将培养机器人领域高学历人才 500 余人，积极推动院校机构将科技创新与人才培养相结合，以"未来思维"培育人才。

抢抓机遇加快布局新赛道，沈阳利用数字技术推进产业转型：工业重镇铁西区闯出"数字天地"，借中德园工业互联网创新基地带动"数智"转型；"星火·链网"超级节点（沈阳）成为东北地区最大的网络通信枢纽节点。

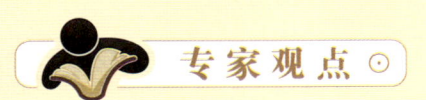

> **专家观点**
>
> 加快形成新质生产力是东北涅槃重生的必由之路，沈阳作为"共和国的装备部"，只有向新求变，竞逐未来，才能重回中国工业的制高点。
>
> ——东北大学中国东北振兴研究院副院长李凯

今年上半年，沈阳出台了《沈阳市支持产业数字化试点示范项目管理实施细则（试行）》，从政策上加大支持力度，积极培育优秀数字化应用场景和智能升级项目。

"要以科技创新推动产业创新，加快构建具有沈阳特色优势的现代化产业体系，建设具有全国影响力的区域科技创新中心……"11月8日，沈阳市委十四届六次全会再次对培育未来产业、加快形成新质生产力进行了具体部署。

东北大学中国东北振兴研究院副院长李凯说，加快形成新质生产力是东北涅槃重生的必由之路，沈阳作为"共和国的装备部"，只有向新求变，竞逐未来，才能重回中国工业的制高点。

（新华社沈阳2023年12月3日电 新华社记者徐扬、于也童、丁非白）

"新""新"向荣强动能

——山东加快培育新质生产力观察

◎ 经济大省山东以"新"促"新",通过科技创新推动产业创新,打造"新制造"、开辟"新赛道",加快培育新质生产力,为经济绿色低碳高质量发展增添新活力。

◎ 创新是第一动力、人才是第一资源。近年来,山东持续加大投入,深入实施创新驱动发展战略,创新平台提档扩容、创新人才加速集聚。

◎ 将加快未来产业前瞻布局,围绕人工智能、生命科学、未来网络、量子科技、人形机器人、深海空天等领域,实施20项左右前沿技术攻关,推动15个省级未来产业集群加快壮大。建设创投风投服务平台,撬动未来产业拔节起势。

在刚刚闭幕的山东两会上，新质生产力成为热议话题，从会上到会下、从共鸣到共识……代表委员们积极建言献策。

经济大省山东以"新"促"新"，通过科技创新推动产业创新，打造"新制造"、开辟"新赛道"，加快培育新质生产力，为经济绿色低碳高质量发展增添新活力。

科技创新驱动，激活发展新动能

依托"山河"超级计算平台，人们可以预测哪里会出现"东边日出西边雨"；通过基因编辑精准育种，大豆中的油酸含量从不到20%增加到80%以上……

刚刚过去的2023年，山东组织实施110项重大技术攻关任务，在超算互联、画质芯片、植物基因编辑等领域取得一批标志性成果，工业母机、碳纤维、合成橡胶等国产替代实现突破。

在山东，省级重大科技创新项目90%以上由企业牵头。一批企业通过科技创新项目，打开发展新局面。

"目前，抗老年痴呆等3个创新药进入一期临床，治疗脑卒中等2个创新药进入二期临床，新能源新材料收入、利润占比超过50%。"山东省政协委员、华鲁控股集团有限公司董事长樊军介绍。

2023年，山东省新认定制造业领航培育企业106家、单项冠军352家、专精特新4589家、瞪羚654家、独角兽3家。

山东省政府工作报告显示，山东工业经济、数字经济加力提速，雁阵形集群规模超过 9.2 万亿元。

创新是第一动力、人才是第一资源。近年来，山东持续加大投入，深入实施创新驱动发展战略，创新平台提档扩容、创新人才加速集聚。过去一年，全国重点实验室新增 10 家，省级以上领军人才新增 2028 人。

山东省政府工作报告提出，2024 年将推动高水平科技自立自强，培育更多新质生产力，以科技创新推动产业创新，并将"抓实抓好以科技创新引领现代化产业体系建设"列为 2024 年的 12 项重点任务之首。

优化要素配置，构筑竞争新优势

在山东青岛，一台激光雷达设备通过三维扫描，可以将万米范围内的风场信息变成可视化数据，不仅能观测风，还能预测风。这项技术 20 多年前就在中国海洋大学产生，曾为北京冬奥会、珠峰科考提供气象保障，却没有及时走出实验室。

近年来，山东优化资源要素配置，支持企业联合高校、科研院所开展技术攻关，为科研人员匹配市场开发团队，推动试验技术产品与应用场景融合，引入天使投资，按照市场逻辑去分析判断科研成果，推动科研成果走向市场应用。

如今，测风激光雷达已赋能千行百业。短短五年时间，青岛镭测创芯科技有限公司的年产值已突破 1 亿元，年均增长率达到 70%。

山东省人大代表、国家超级计算济南中心副主任、济南超级计算技术研究院院长潘景山认为，催生新质生产力的关键是实现新型劳动者、新型生产工具、新型生产关系协同发展。

2023 年山东省级科技创新发展资金超过 145 亿元。山东整合各类科技要素资源，让成果路演、成果买卖及评估、创投风投机构等都汇聚到科技大市场，推动先进优质生产要素向新质生产力顺畅流动和高效配置。

1 类靶向创新药伊鲁阿克片获批上市，为肺癌患者带来治疗新选择；山大华天软件推出基于云架构的三维计算机辅助设计软件，为国家核心基础工业软件发展按下"加速键"……一批"山东好成果"陆续走向市场。

"要继续深化制度保障，汇聚各类创新资源，强化科技创新政策与财税、金融、人才、产业、知识产权等方面政策的衔接协同，为新质生产力成长提供更充足的'阳光雨露'。"山东省政协委员、山东省

> **专家观点**
>
> 催生新质生产力的关键是实现新型劳动者、新型生产工具、新型生产关系协同发展。
>
> ——山东省人大代表、国家超级计算济南中心副主任、济南超级计算技术研究院院长潘景山

> 解读
> 新质生产力

自主创新促进中心主任李新峰说。

培育未来产业，打造新兴增长点

1月11日午间，山东海阳附近海域，引力一号运载火箭成功首飞，圆满完成中国航天新年"海上首秀"。震撼的海上发射让前来"追火箭"的人们纷纷掏出手机，记录这一珍贵的时刻。

作为当今世界最具挑战性和广泛带动性的高新技术领域之一，商业航天具有广阔的市场前景。位于山东海阳的东方航天港已累计发射卫星48颗，国内首个集海上发射、星箭产研、卫

图为2024年1月11日，人们在山东省海阳市连理岛上观看海上火箭发射。（新华社记者李紫恒摄）

星应用、配套集成、航天文旅为一体的百亿级商业航天高科技产业集群正在当地崛起。

全国首个颗粒物光量子雷达检测网络在济南建成；齐鲁制药在研自主知识产权创新药物80多项，同时向欧、美、英、日、澳大利亚等市场出口制剂……在深海空天、生物医药、元宇宙、人工智能等新兴产业领域，山东不断迈出新步伐。

统计数据显示，2023年，山东高新技术产业产值占比51%左右，高技术产业投资增长35.3%，高出全国25个百分点。

"今年山东将围绕重大基础研究、关键技术研发、示范应用一体化设计攻关任务，组织实施百项重大科技项目，力争突破一批关键核心技术，加速形成新的经济增长点。"山东省政协委员、山东省科技厅高新技术发展及产业化处处长韩绍华说。

山东省政府工作报告提出，将加快未来产业前瞻布局，围绕人工智能、生命科学、未来网络、量子科技、人形机器人、深海空天等领域，实施20项左右前沿技术攻关，推动15个省级未来产业集群加快壮大。建设创投风投服务平台，撬动未来产业拔节起势。

（原载《新华每日电讯》2024年1月28日第1版　记者邵琨、张力元、袁敏）

新质生产力激发中国东北振兴新动能

◎ 去年9月，中国首次提出新质生产力概念。此后，东北地区纷纷结合自身优势、特点，不断以前沿技术催生新产业、新模式、新动能，为老工业基地转型发展增添新动能。

◎ 一方面，要加大科技研发投入，深化科研体制机制改革，增强自主创新对产业发展的支撑能力；另一方面，要坚持开放创新，以制度型开放主动融入国际创新大格局，吸引聚集科技创新优质要素，实现更高起点的自主创新。

中国东北地区是传统的老工业基地，一度因转型发展遇到瓶颈而被称为中国"锈带"。而如今，这一地区正释放出推动新质生产力发展的强烈信号。

位于中俄边境的黑龙江省萝北县是中国石墨资源比较富集的区域。记者在这里看到，一架架无人机用三维激光技术从空中实现露天矿山地表现状测量，一辆辆电动卡车平稳地从山上向山下运输矿石，一块块单晶硅光伏板将太阳能转化为清洁绿色的电能。

中国五矿集团（黑龙江）石墨产业有限公司董事长王炯辉告诉记者，公司与华为、中国移动等合作，首次引入"5G+工业互联网+应用"理念，加速推进年产600万吨绿色智能低碳矿山建设。

眼下，萝北县已逐步实现了智能爆破、无人矿山卡车运输、全流程少人无人化生产以及数字化管理和智能化管控，努力打造一个百亿级的石墨产业集群。

去年9月，中国首次提出新质生产力概念。此后，东北地区纷纷结合自身优势、特点，不断以前沿技术催生新产业、新模式、新动能，为老工业基地转型发展增添新动能。

传统工业是中国东北地区的重要根基。这里拥有中国一重、中国一汽、大庆油田等一批重要的大型老牌国有企业。如今，这些企业通过5G、人工智能等新技术，不断完成自身产业的转型升级，焕发新活力。

在位于吉林省的一汽红旗繁荣工厂焊装车间内，680多台

解读
新质生产力

2023年7月6日，工人在位于吉林长春的一汽红旗繁荣工厂总装车间检查车辆。（新华社记者张楠摄）

焊接机器人挥舞手臂繁忙工作，它们身上遍布着3000多个数据采集点，实时判断焊接的温度等条件是否达到最佳状态。

"繁荣工厂引入智能中控系统，拥有冲压、焊装、涂装、总装、电池电驱五大车间，实时采集、监控设备数据。"中国一汽集团相关负责人介绍说。

壮大新材料、航空航天、机器人、新能源汽车、集成电路装备等产业集群，加快发展低空经济；重点围绕人工智能、细胞治疗、元宇宙、深海深地开发等领域大力发展未来产业……这是辽宁省加快培育新质生产力的发展方向。

"开展重大技术创新，辽宁有基础、有优势。"沈阳芯源微电子设备股份有限公司董事长宗润福说，以中科院金属所、大连化物所、沈阳自动化所为代表的"国家队"，引领了辽宁在新材料、新能源和先进制造上的创新发展。

黑龙江省也将战略重心放在发展战略性新兴产业和未来产业。2024年黑龙江省政府工作报告提出，聚焦新能源、航空航天、高端装备、新材料、生物医药等重点领域，推动产业链、创新链、资金链、人才链深度融合，持续扩大战略性新兴产业规模。实施未来产业孵化与加速计划，前瞻布局深空、深海、深地等未来产业，培育形成新质生产力。

"东北地区有发展新质生产力的底蕴和优势。"黑龙江省社会科学院经济研究所所长孙浩进说，东北地区工业体系比较齐全、配套链条相对完善，拥有一批打造"国之重器"的行业龙头企业，一批科研实力雄厚的高校、科研院所，以及在国家重大科研攻关中锤炼出的创新产业体系、创新团队体系、创新人才体系等，具备形成新质生产力的坚实基础。

专家认为，东北地区形成新质生产力还要注意在以下两个方面发力。一方面，要加大科技研发投入，深化科研体制机制改革，增强自主创新对产业发展的支撑能力；另一方面，要坚持开放创新，以制度型开放主动融入国际创新大格局，吸引聚集科技创新优质要素，实现更高起点的自主创新。

（新华社哈尔滨2024年2月27日电　新华社记者李建平、杨轩、朱悦）

小而有为　后发竞先
——宁夏培育新质生产力加速动能转换观察

◎ 亮眼答卷的背后，是宁夏找准着力点打出"组合拳"。投资项目积蓄发展动能，民营经济撑起宁夏经济"半边天"，2023年，宁夏以拉动投资和激活民营经济为抓手，一批重大项目落地落成，民营经济活力持续迸发。

◎ 在"稳住"传统产业的同时，宁夏大力实施创新驱动，培育新质生产力，智能制造、"东数西算"等新兴产业日益壮大。

地区生产总值增速连续7个季度稳居全国第一方阵，这是宁夏近两年交出的一份亮眼经济发展答卷。不靠边不沿海，面积小人口少，但宁夏不以"小"而不为，不以"后"而缓为。创新引领，先立后破，宁夏持续激活民营经济，再造传统产业，培育新质生产力，促进传统产业、新兴产业"百花齐放"，助力高质量发展换挡"丝滑"，动能不减。

打出"组合拳"

2023年，宁夏地区生产总值增长6.6%，增速位居全国第五；一产、二产及工业增速居全国第二；民间投资增速、占全部投资比重均居全国第五……

亮眼答卷的背后，是宁夏找准着力点打出"组合拳"。投资项目积蓄发展动能，民营经济撑起宁夏经济"半边天"，2023年，宁夏以拉动投资和激活民营经济为抓手，一批重大项目落地落成，民营经济活力持续迸发。

作为行业领军企业，宁夏宝丰集团有限公司近3年多来累计完成固定资产投资超700亿元，大力推动现代煤化工、新能源、新型储能全产业链发展。在现代煤化工产业发展上持续延链强链，循环经济产业集群实现全面转型升级，跃升为全球最大的煤制烯烃产业集团，其产品有力填补了国内高端产品缺口。公司创新发展战略性新兴产业，以新能源替代化石能源，推动风光"绿电"电解水制绿氢，将绿氢与现代煤化工创新融合发展，引领能源化工行业脱碳、零碳变革。

民营经济为宁夏创造了50%的税收、70%的就业、90%的市场主体数量。2023年，宁夏密集出台了民营经济"31条"、梯度培育"24条"等一系列政策举措，召开宁夏历史上规模最大的民营经济高质量发展大会，开展金融服务实体经济、助企纾困等系列行动。

宁夏工信厅厅长杨金海说，去年，宁夏新增减税降费及退税缓税缓费156.3亿元，惠及市场主体87.7万户次；为6.45万家参保企业减缴社保费90.5亿元；企业贷款加权平均利率降至4.01%。宁夏在14个行业实现"一次告知、一次填报、一口受理、一网联动、一证准营"，规范涉及中介服务审批事项23个，有效推动了企业的持续健康发展。

再造"旧优势"

能源是宁夏经济发展的传统优势，而"倚重倚能"也是宁夏经济转型的痛点和难点所在。宁夏以"先立后破"为转型原则，通过延伸产业链、加速装备制造转型升级等方式再造旧的优势产业，稳住经济发展"基本盘"。

传统印象中，宁夏是我国重点产煤省区和外销地区，但近年来宁夏的煤自己都"吃不饱"。2022年，宁夏煤炭消费量达到 1.67 亿吨左右，全区煤炭净调入超过 7000 万吨。从煤炭净调出到净调入，宁东能源化工基地可谓宁夏能源转型的"领头雁"。在这里，煤炭实现了清洁利用，黑色的煤炭经过现代煤化工产业再造，变成了高端润滑油、服装，乃至化妆品等的原材料。

"宁东基地建成了全球单体规模最大的 400 万吨煤制油项目，产能占全国一半；煤基烯烃产能超过全国五分之一；获评'中国氨纶谷'，芳纶产能居全国第一。"宁东基地管委会主任张伟说。

同时，宁夏传统装备制造也在加速升级。走进共享智能装备有限公司、吴忠仪表有限责任公司，生产车间粉尘弥漫、工人们拿着工具敲敲打打的画面早已不再，它们通过铸造 3D 打印设备、"数字化再造"等，打造行业领先的"智能工厂"。

龙年春节期间，共享智能装备有限公司的工人们加班加点为即将出厂的铸造 3D 打印设备做最后的调试、装配，这些设备即将乘车搭船，销往海外。从由国外采购铸造 3D 打印设备到返销海外，公司为掌握核心技术奋斗了十多年，累计研发 10 多种型号的铸造 3D 打印设备。公司副总经理周志军说，目前，公司在全国已建成 7 座基于 3D 打印技术的铸造智能工厂，可实现铸件生产全过程数字化，生产效率可达到同等规模传统铸造的 3 倍以上。

解读
新质生产力

培育"新势力"

在"稳住"传统产业的同时，宁夏大力实施创新驱动，培育新质生产力，智能制造、"东数西算"等新兴产业日益壮大。

杨金海说，去年宁夏新培育创新型中小企业552家，"专精特新"中小企业70家，3家企业成为第五批"小巨人"企业。宁夏向1551家企业拨付科技创新后补助资金1.7亿元，全区217家民营企业入围国家高新技术企业名单。

从2008年成立，到2023年成功敲响北交所上市钟声，宁夏巨能机器人股份有限公司成为全面注册制改革后宁夏的首家上市企业。15年来，从零部件加工自动化领域的"小学生"到崭露头角，巨能股份的"秘诀"就在于坚持自主研发。

"公司从研发出第一台门式机器人，到融合视觉、机器人等领域关键技术，提供智能制造整体解决方案和实践应用，我们从未停下自主研发的脚步，目前共获得200多件授权专利。"巨能股份副总经理麻辉说。

产业"上新"，找到独特而合适的"赛道"至关重要。依托气候、地理等资源禀赋，宁夏在"东数西算"的风口"飞"了起来，成为全国一体化算力网络国家枢纽节点。自2013年引入亚马逊AWS以来，沙漠小城宁夏中卫市"无中生有"地在荒漠里建成西部云基地，目前共有亚马逊AWS、美利云等大型超大型数据中心14个，标准机架6.7万个，上架率82.6%。

从代建、自建数据中心，到打造算力集群，宁夏西云算力科技有限公司加速融入"东数西算"战略。今年1月，西云算力总投资31亿元的宁夏智算中心项目一期工程，宁夏首个采用全自然风冷高功率机柜的人工智能数据中心建成，这也是目前全国功率最高的自然风冷机柜。

"传统数据中心的计算密度已难以满足人工智能等快速发展的需求。西云算力在人工智能数据中心投建之初，就针对大模型训练场景进行定制化规划设计，并设计了弹性扩展能力。我们今年还将在算法优化、扩大算力集群规模等方面共同发力。目前，公司已开始为通用大模型及医疗、金融等行业头部人工智能企业提供算力服务。"西云算力首席执行官庄宁说。

（原载《新华每日电讯》2024年3月10日第1版　记者刘紫凌、张亮、许晋豫）

在追高求新中壮大现代制造业集群
——重庆因地制宜发展新质生产力观察

◎ 如今,这座全国制造业重镇,正在因地制宜壮大现代制造业集群,全力推动传统产业高端化、智能化升级,壮大战略性新兴产业集群,开辟未来产业新赛道。

◎ 既向产业高端迈进,也向智能制造跃迁。近年来,重庆着力以新一代信息技术赋能传统产业,推动企业部署应用工业互联网、云服务等智能制造技术,实现了生产成本降低和质效提升。

汽车司机把头靠在座椅顶端的柔性头枕上，就能以脑电信号代替手的操作并局部控制驾驶系统——来自长安汽车的这项专利，预示着未来脑电控制技术或将量产装车。

这是重庆加快发展新质生产力的一个场景。如今，这座全国制造业重镇，正在因地制宜壮大现代制造业集群，全力推动传统产业高端化、智能化升级，壮大战略性新兴产业集群，开辟未来产业新赛道。

转型升级，传统产业焕然一新

记者走进全球单体最大的氨纶生产基地——华峰重庆氨纶公司，只见生产车间忙碌而有序，一根根只有头发丝 1/4 粗的氨纶纤维正从机器中抽出。

别看氨纶那么细，但弹性极好，拉伸 5 倍还能回弹。它就像纺织品里的"味精"一般，只要少量掺入织物中，就能显著改善织物性能，让人感觉柔软舒适、富有弹性，已成为各种高端服装的重要原料。

"我们瞄准氨纶这一赛道，持续开展科研攻关，自主研发的超耐氯氨纶等多项产品达到国际先进水平。"华峰重庆氨纶公司综合管理部负责人陈召杰说。

华峰重庆氨纶公司是重庆传统产业转型升级的代表。根据规划，重庆"十四五"末将在规上工业企业设立研发机构的比例提升至50%。

既向产业高端迈进，也向智能制造跃迁。近年来，重庆着力以新一代信息技术赋能传统产业，推动企业部署应用工业互联网、云服务等智能制造技术，实现了生产成本降低和质效提升。

重庆青山工业有限责任公司是国内汽车变速器领域的龙头企业。走进该公司变速器装配生产线，只见监控大屏实时显示各项数据，"车间大脑"自主决策生产时序；一旁的智能小车穿梭运输物料，工业机器人挥动手臂协同作业，一台台变速器有序生产下线……

"瞄准高端制造方向，我们围绕企业运营流程打造数字经营能力，管理模式正从经验驱动向数据驱动转变。"该公司副总经理潘凯说，公司依托5G、大数据等技术对工厂进行智能化改造，实时采集生产线153台设备、超1.2万个设备传感器的各类数据，每天产生的数据量超40G；以数据流为牵引，实现对生产管理、质量管理等功能的深度分析，生产效率提升30%。

老牌企业重庆川仪自动化股份有限公司，近年来同步推进产品和产线智能化升级，2座智能工厂、6个数字化车间、39条智能生产线构筑起智能制造"班底"，公司近3年营收年均增幅达16.5%。

从行业龙头企业到海量小微企业，从传统的钢铁、化工等行业到通信技术、信息服务行业，"数字之花"让传统产业焕然一新。截至 2023 年底，重庆已有 12 万余家企业"上云上平台"，建成 144 个智能工厂和 958 个数字化车间，已投用的智能工厂生产效率平均提升 50%、生产成本平均降低 30%。

向新而行，新赛道布局谋篇

基于深厚的制造业基础，重庆立足当下、面向未来，不断开辟一条条新赛道。

"多年来，长安汽车持续加码研发，在智能网联与自动驾驶方面已掌握 200 余项核心技术。去年公司累计申请专利 4900 余件，平均每天 14 件。"长安汽车董事长朱华荣说，依托自主打造的智能汽车数字化平台架构，未来几年公司将推出 20 余款智能电动汽车。

Micro LED 被誉为终极显示技术，重庆康佳光电科技有限公司瞄准这一产业前沿，集聚 200 多名研发人员持续开展技术攻关，推出了一系列未来显示产品矩阵。"市场需求持续攀升，刚开年新订单就排起了队。"公司相关负责人樊娜说。

"目前，重庆已集聚数十家新型显示企业，2023 年产业集群完成产值 769 亿元，力争 3 年内建成具有全球影响力的新型显示创新发展高地、产值规模突破 1000 亿元。"重庆市经济和信息化委员会电子信息处副处长左翊君说。

布局未来产业，蓄力长远发展。2023 年，重庆瞄准产业前

> 解读
> 新质生产力

沿，前瞻性地提出打造卫星互联网、生物制造、生命科学等六大未来产业，实施未来技术策源、创新成果转化、产业集群打造、强化场景驱动、创新人才汇聚、开放合作拓展六大行动，厚植未来产业发展"土壤"，正在组织攻关觉醒睡眠与记忆、人类免疫力解码、器官再生与制造、建设空间太阳能电站等重大科研课题。

今天的"种子"，可能就是明天的"大树"。

位于重庆主城东部的两江协同创新区，目前已集聚北京理工大学重庆创新中心、西北工业大学重庆科创中心等科研院所

图为2023年7月17日拍摄的重庆两江协同创新区一带的景象。（新华社发　王加喜摄）

40 余家，打造科研平台 110 余个；位于西部（重庆）科学城的金凤实验室，引进 40 个科研团队入驻，汇聚各类科研人员超过 400 人。此外，重庆还将布局建设明月湖实验室、广阳湾实验室和嘉陵江实验室，创建轻金属、卫星互联网应用、页岩气等国家技术创新中心，布局实施人工智能、高端器件与芯片、先进制造、生物医药、核心软件等重大科技专项。

集优聚强，现代制造业集群加速构建

重庆拥有全国 41 个工业大类中的 39 个，如何在众多发展状况不同的产业中培育新质生产力？这需要一个切实可行的发展思路。

2023 年，重庆提出构建"33618"现代制造业集群体系，即推动建设智能网联新能源汽车等 3 个万亿级产业集群、3 个五千亿级产业集群、6 个千亿级特色优势产业集群，以及 18 个"新星"产业集群，全力打造国家重要先进制造业中心。

集优聚强，聚链延链，这一战略为重庆发展新质生产力提供了广阔的舞台。

开年以来，捷报频传。"重庆造"新能源汽车产销"飘红"：1 月至 2 月，长安汽车自主品牌新能源汽车销量达 7.5 万辆，同比增长 54%；赛力斯新能源汽车销量达 6.7 万辆，同比增长 485%。前 2 个月，重庆新能源汽车品牌问界、深蓝均进入国内造车新势力品牌月度销量榜前十名，问界更连续位居榜首。

作为传统汽车制造重镇，重庆汽车产销量一度问鼎全国。顺应产业电动化、智能化发展趋势，近年来重庆引进、培育了16家智能网联新能源整车生产企业，汇聚产业链企业200多家，智能网联汽车56个关键零部件中布局完成55个。

"随着现代制造业集群体系加快构建，重庆产业结构更优，科技动能更强，新兴产业已成为高质量发展的重要引擎。"重庆市经济和信息化委员会副主任赵斌表示，截至2023年底，重庆战略性新兴产业增加值占规上工业增加值比重达32.2%；科技型企业、高新技术企业、专精特新企业分别达到5.85万家、7565家、3694家。

新兴产业为发展新质生产力、推动经济高质量增长注入强劲动能：2023年，重庆智能网联新能源汽车产业增加值同比增长10.5%，先进材料增加值同比增长12.3%，功率半导体及集成电路、传感器及仪器仪表增加值分别同比增长15%、11.2%，液晶面板产能产量跃居全国前列，全球近五成笔记本电脑"重庆造"……

一大批未来技术及产品连点成线、织线成面，正逐步形成现实产业链。以卫星互联网产业为例，目前重庆两江新区已集聚星网应用、零壹空间等头部企业，产业链上下游企业已有139家、产业规模35亿元，基本形成了卫星互联网上下游产业链聚合发展态势；在前沿新材料领域，重庆集聚国创轻合金、中化学华陆新材料、中科润资等一批企业，带动一整条新材料产业链集群式发展。

"在构建现代制造业集群过程中，新质生产力势必加快形成、壮大。"重庆市经济和信息化委员会主任蓝庆华说，到 2027 年，重庆规上工业企业营业收入将迈上 4 万亿元台阶，战略性新兴产业增加值占规上工业增加值的比重将提高至 36%。

（新华社重庆 2024 年 3 月 18 日电　新华社记者王金涛、何宗渝、黄兴）

为新质生产力发展营造良好创新氛围
——广东构建全过程创新链打造未来产业

◎ 近年来,广东坚持实体经济为本、制造业当家,聚焦新基建、新平台、新产业、新环境全面发力,推动科技和产业融合发展。

◎ 科技金融为新质生产力培育提供了良好支撑,科技型企业直接融资渠道进一步畅通,2023年,广东全省科技信贷余额超过2.3万亿元,规模居全国首位。

◎ 为加快发展新质生产力,广东提出要着眼打造新型劳动者队伍,构筑支撑新质生产力发展的人才底座。

人形机器人行走在工厂车间、人工智能让药物研发时间缩短、基因递送技术释放巨大潜力……在广东，一批富有科幻场景的未来产业正在科技进步、人才集聚和科技金融支持下，迸发出新质生产力的生机和活力。

近年来，广东瞄准建设粤港澳大湾区国际科技创新中心、打造具有全球影响力的产业科技创新中心的目标，加快构建"基础研究+技术攻关+成果转化+科技金融+人才支撑"全过程创新链，产业链资金链人才链结合日益紧密，为新质生产力发展营造良好创新氛围。

产业链：科技强产业　产业促科技

宽敞洁白的汽车工厂车间内，通体银色的机器人稳步走向流水线，探身扫描车体后，伸出机械手臂轻拉安全带，完成了检查环节。日前，深圳市优必选科技股份有限公司的人形机器人经过不断调试后，在蔚来第二先进制造基地总装车间"实习"，协助原来需要由人工完成的工作。

"智能制造将成为人形机器人大规模应用的领域，机器人的应用将有望把人从重复性的劳动中解脱出来。"优必选首席品牌官谭旻说。

人形机器人是近期广东布局未来智能装备产业的典型领域之一。2月29日，广东省工信厅联合广东省科技厅等部门举行

解读新质生产力

五大未来产业新闻发布会，广东省工信厅副厅长吴东文表示，到2030年，未来电子信息、未来智能装备、未来生命健康、未来材料、未来绿色低碳五大产业集群将成为广东新的经济增长点。

深港之间的河套深港科技创新合作区深圳园区内，深圳晶泰科技有限公司的工厂里，机器人工作站排成整齐的方阵。在玻璃围成的工作台上，机械臂熟练地操作试剂和粉末的称量、取样，准确地完成一步步化学合成反应，实现了端到端的智能化自动化。

晶泰科技首席执行官马健说，通过将人工智能、计算机辅助药物研发方法与云计算有效结合完成药物设计，用自动化机器人替代传统人工进行实验操作，可让人工智能辅助药物研发方法的效率、精确度和适用性更上一层楼。

近年来，广东坚持实体经济为本、制造业当家，聚焦新基建、新平台、新产业、新环境全面发力，推动科技和产业融合发展。

"广东省充分发挥丰富应用场景优势，推动重点领域创新开放场景，为技术找场景。同时面向公众推介应用场景机会，为场景找技术，推动一批新技术进行实验验证、实现商业落地。"广东省发展改革委副主任郭跃华说。

资金链：引金融活水　助科创企业

最近，深圳天使母基金总经理李新建的日程表排得很满。

奔波于各大会场、企业，忙着会见政府、企业代表。他和团队正积极寻找下一个"独角兽"企业，为有潜力的企业提供资金支持。

深圳天使母基金于 2018 年由深圳市政府投资发起设立，规模达 100 亿元，专注于投资战略性新兴产业和未来产业，为初创企业提供资金支持和全方位增值服务。

"投早投小是深圳天使母基金的特点。目前母基金已经接洽国内外超 600 家投资机构，有效决策子基金 84 只。子基金交割项目中估值超 1 亿美元的项目 161 个，估值超 10 亿美元的'独角兽'企业 6 个，覆盖深圳全部 20 个战略性新兴产业集群和 8 个未来产业。"李新建说。

金融是科技创新的活水。近两年来，广东强化科技金融工作顶层设计，全面完善制度体系建设，科技金融服务体系不断完善。据中国证券投资基金业协会统计数据，截至 2023 年底，广东省私募股权、创业投资基金管理人数量 2600 余家、管理基金数约 1.2 万只，居全国第一。

广东还通过多措并举推动科技型企业与多层次资本市场对接，指导地市开展上市后备科技型企业梯度培育工作。以广州市为例，广州构建了硬科技企业、"独角兽"企业、拟上市企业梯次榜单和人工智能榜单。

入选广州市硬科技企业榜单的云舟生物科技（广州）股份有限公司瞄准生物化学与分子生物学过程中的基因递送环节，

解读
新质生产力

图为2023年11月4日拍摄的珠海横琴金融岛。（新华社记者刘大伟摄）

创新性地推出基因载体智能设计和智慧生产载体平台，实现从设计到生产的基因递送全产业链覆盖。

"我们把大数据、智慧纠错算法和智慧工业结合起来，为全球科研机构和各大药企提供高效、精准、高性价比的研发素材和研发生产外包服务。"云舟生物董事、执行总裁黄锐说。

科技金融为新质生产力培育提供了良好支撑，科技型企业直接融资渠道进一步畅通，2023年，广东全省科技信贷余额超过2.3万亿元，规模居全国首位。

人才链：搭好筑梦台　逐梦人自来

2月29日，国家自然科学基金委员会发布了2023年度"中国科学十大进展"，其中"人工智能大模型为精准天气预报带来新突破"，由华为技术有限公司完成，清华大学钱学森力学班毕业生、华为云业务主任工程师毕恺峰在其中发挥了重要作用。

大学时，通过清华"钱班"与华为公司的合作，毕恺峰进入华为实习。他的老师、中国科学院院士郑泉水破格支持他延长毕业设计时间，攻关重大科研问题。大学毕业后毕恺峰进入华为，主动挑战人工智能在天气预报中的重大应用，25岁时即获得了公认的重大成果。

"创新人才的培养需要好的环境，就像土壤之于种子，种子的生根发芽、茁壮成长需要适宜它生长的土壤。"郑泉水说。

为提供更多有利于个性化人才成长的"土壤"，郑泉水3年前来到深圳，在深圳市支持下，创办了深圳零一学院。学院依托清华"钱班"14年的成功探索经验，面向14至40岁人群，意在开展创新人才发掘和培养，让更多年轻人的创新天赋得到绽放。

近年来，广东坚持把人才作为现代化建设最重要的依托，充分发挥人才第一资源作用，人才引领发展的制度优势、产业科技的创新优势、粤港澳人才协作的开放优势和支持人才创新创业的环境优势不断深化拓展。

今年 1 月 20 日，拥有自主知识产权的首台国产场发射透射电子显微镜在广州发布，这背后，是科研人员坚持不懈地攻关。中国科学院院士、广州实验室副主任徐涛联合中国科学院生物物理研究所研究员孙飞在 2016 年启动研究，并于 2020 年在广州组建起一支体系完整的团队。

"我们立足自身定位，紧密结合国家战略需求以及急需紧缺方向，主动觅才、以才引才、以赛引才、以项目引才，以钟南山院士等领衔，组建了多学科交叉、青年学术骨干担纲的高水平人才队伍，努力做到人尽其才。"徐涛表示。

统计数据显示，2023 年广东省技能人才总量达 1979 万人。其中，高技能人才 690 万人，居全国前列；全省研发人员达 135 万人，居全国首位；博士后人才建设走在全国前列。

为加快发展新质生产力，广东提出要着眼打造新型劳动者队伍，构筑支撑新质生产力发展的人才底座。广东省科技厅副厅长杨军表示，广东多途径遴选"高精尖缺"科技人才，开启全球高层次创新人才自由流动的通道，汇聚掌握先进技术的国际高层次人才，为新技术、新产业、新业态发展提供了新动能。

（新华社广州 2024 年 3 月 19 日电　新华社记者肖文峰、马晓澄、洪泽华）

打造营养 智慧 绿色 乳业新质生产力

◎ 科技创新催生新产业、新模式、新动能，是发展新质生产力的核心要素。蒙牛作为打造中国乳业新质生产力的先行者，始终坚持自主研发创新，不断推动科研成果转化运用，成功突破一批"卡脖子"问题，持续推动中国乳业创新发展，服务人民群众美好生活。

◎ 打造新质生产力，要大力发展数字经济，促进数字经济和实体经济深度融合。蒙牛乘势而上、抢抓机遇，制定发布数智化3.0战略，形成了AI驱动的供给侧和消费侧"数智双飞轮"，实现了覆盖全产业链的全要素数智化转型升级，不仅形成了数实深度融合的蒙牛实践，也为行业发展提供了全新蓝图。

解读新质生产力

推进高质量发展，需要新的生产力加以牵引。加快发展新质生产力，是高质量发展的应有之义，是抢占新一轮全球科技革命和产业变革的制高点，开辟发展新领域新赛道、培育发展新动能、增强竞争新优势的战略选择。

作为中国乳业的国家队，蒙牛集团不断深化对发展新质生产力重大意义的认识，充分发挥企业主体责任，加快发展乳业新质生产力，努力在未来发展中赢得战略主动，切实扛起中国乳业高质量发展行业"领头牛"的使命担当。

攻坚关键核心技术
激发乳业增长新动能

科技创新催生新产业、新模式、新动能，是发展新质生产力的核心要素。蒙牛作为打造中国乳业新质生产力的先行者，始终坚持自主研发创新，不断推动科研成果转化运用，成功突破一批"卡脖子"问题，持续推动中国乳业创新发展，服务人民群众美好生活。

坚持科技是第一生产力。蒙牛坚守"强乳兴农"初心，持续强化种业建设，创新驱动全产业链高质量发展，联合中国农业科学院草原研究所培育出优质苜蓿系列品种，逐步推动国产替代。积极推进奶牛基因改良和高效扩繁技术，助力实现种业科技自立自强、种源自主可控，加速推进国家种业振兴进程，

2023年5月28日拍摄的蒙牛宁夏数智化工厂。（蒙牛集团供图）

打造乳业"中国芯"。

坚持创新是第一动力。蒙牛坚持以自主创新为驱动力，聚焦"乳品科技、营养健康、生物技术"等重点领域方向打造研发体系，成立蒙牛全球创新研发中心。蒙牛自主研发的"副干酪乳杆菌PC-01"荣获第二十四届中国专利银奖。蒙牛联合江南大学共同研发的"MLCT结构脂与新型OPO"婴配粉科研成果打破技术垄断。值得一提的是，蒙牛自主研发的母乳低聚糖HMOs在2023年通过了中美两国审批认证，成为唯一一家实现HMO技术突破的中国本土企业。

坚持人才是第一资源。发展新质生产力，归根结底要靠人才实力。蒙牛汇聚了俄罗斯自然科学院外籍院士、蒙牛首席科学家母智深博士及跨学科、跨行业国际化人才 400 多位。2023 年，蒙牛还成立了包含十多位院士在内的全球专家智库，累计入库专家 100 余名，覆盖了乳品加工、营养健康、生物技术、智能制造等多个领域，持续推动行业科技创新。

数实融合全链打通
提升乳业全要素生产率

打造新质生产力，要大力发展数字经济，促进数字经济和实体经济深度融合。蒙牛乘势而上、抢抓机遇，制定发布数智化 3.0 战略，形成了 AI 驱动的供给侧和消费侧"数智双飞轮"，实现了覆盖全产业链的全要素数智化转型升级，不仅形成了数实深度融合的蒙牛实践，也为行业发展提供了全新蓝图。

在供给侧方面，从牧场到餐桌，蒙牛的数智化已覆盖饲养、加工、销售终端等乳业全链条。蒙牛的"云养牛"智慧牧场通过物联网技术，监测奶牛每日活动量、产奶信息等实时数据，并进行精准饲喂，实现牧场数智化、精准化管理，在提高牧场运营效益的同时，提高了牛奶质量。

2023 年 5 月 28 日，蒙牛在宁夏建成投产了全球乳业首座全数智化工厂，依靠数智化指挥中枢"自动驾驶"系统，打造管控一体、系统指挥、系统决策的智能制造新模式，实现了牧场到餐桌的全产业链、生产制造商的全设备链、ERP 到生产线的全系统链"三个彻底打通"，创造全球乳业生产最高年度人效比，即 100 人创造 100 万吨年产量、100 亿元年产值。蒙牛率先通过数实融合推动全要素生产效率提升，形成了新质生产力推动乳业高质量发展的新实践。

在消费侧方面，蒙牛推出了全球首个营养健康领域的大语言模型 MENGNIU.GPT，并基于该模型提出了 AI 营养师，为亿万家庭提供全天候的专业营养服务。该模型已经通过包括注册营养师、中医执业医师等 21 个国内外专业营养健康认证考试，并在儿童精准营养等多个场景实现落地应用，以 AI 驱动让营养健康成为家庭常态，助力健康中国建设。

生态优先绿色转型
引领乳业可持续发展

绿色发展是高质量发展的底色，新质生产力本身就是绿色生产力。必须加快发展方式绿色转型，助力碳达峰碳中和。蒙牛集团坚定不移走生态优先、绿色发展之路，扎实推进蒙牛 GREEN 可持续发展战略和"双碳"战略，守护人类和地球共同健康。

蒙牛集团引领全产业链践行 ESG 理念，从可持续的公司治理 G、共同富裕的乳业责任 R、环境友好的绿色生产 E、负责任的产业生态圈 E、营养普惠的卓越产品 N 五大支柱发力，全面推动 GREEN 可持续发展战略落地，提出"2030 年实现碳达峰，2050 年实现碳中和"的双碳目标，承诺力争在 2030 年前实现"零毁林"，与产业链上下游共同打造乳业绿色价值链，树立了乳业绿色低碳转型发展的示范标杆。

在上游牧场，蒙牛旗下中国圣牧，十余年瀚海耕绿，累计种植沙生树 9700 万棵，绿化沙漠 200 多平方公里，开创了防沙治沙与循环经济结合的范例。在生产环节，蒙牛累计打造了 30 座国家级绿色工厂，在云南曲靖建设了中国乳业首家国际、国内双认证零碳工厂，实现了净零排放。在下游环节，践行引领绿色环保理念，优化包装材料和设计，降低产品碳足迹，蒂兰圣雪冰淇淋等多款产品实现了碳中和。

基于在可持续发展方面的出色表现，蒙牛在 MSCI（摩根士丹利国际资本公司）的 ESG 评级中升至"AA"，为行业最高等级。蒙牛 3 年蝉联恒生可持续发展企业指数成分股，位列国务院国资委"央企 ESG·先锋 100 指数"第三名，并被标普全球（S&PGlobal）评为"行业最佳进步企业"。

面向未来，蒙牛集团坚决扛起中国乳业国家队的责任担当，坚定围绕"更营养、更智慧、更绿色"领先战略目标，持续做好创新这篇大文章，在培育和发展新质生产力上勇当"领头牛"、树立新标杆，为创造人民美好生活不懈奋斗，为推进中国式现代化贡献蒙牛力量。

（原载《瞭望》新闻周刊 2024 年第 10 期　作者李鹏程，蒙牛集团党委副书记、执行总裁）

编后记

2024年3月5日下午,习近平总书记在参加他所在的十四届全国人大二次会议江苏代表团审议时强调,要牢牢把握高质量发展这个首要任务,因地制宜发展新质生产力。

从2023年9月在黑龙江考察时首次提出,到今年中央政治局首次集体学习又一次聚焦,再到这次全国两会上共商国是时深入阐释,习近平总书记就发展新质生产力提出明确要求、做出深入阐释、指导发展实践。

在强国建设、民族复兴的新征程上,发展新质生产力是推动高质量发展的内在要求和重要着力点。面对新一轮科技革命和产业变革,只有抢抓机遇,加大创新力度,加快发展新质生产力,我们才能进一步增强发展新动能、塑造发展新优势,把发展主动权牢牢掌握在自己手里。发展新质生产力是一项长期任务、系统工程,涉及方方面面,需要科学谋划、统筹兼顾,坚持稳中求进,扎扎实实向前推进。

编后记

聚焦新质生产力，新华社记者深入基层、走访企业、对话全国两会代表委员和专家学者，开展采访调研，撰写了大量精品力作，权威解疑释惑，回应社会关切，产生广泛社会反响。

为便于广大党员领导干部和企业管理人员用新的生产力理论指导新的发展实践，推动高质量发展行稳致远，我们以新华社公开报道为基础，编著了这部题为《解读新质生产力》的图书。该书分为理论阐释篇和生动实践篇两个部分，配有新华社公开播发的图片数十幅，并以二维码形式收录新华社播发的相关融媒体报道，内容权威、图文并茂、通俗易懂，是一部适合广大党员领导干部和企业管理人员阅读的融媒体财经图书。

《解读新质生产力》编写组

2024 年 3 月